Fernando Pessoa

DIÁRIOS E ESCRITOS AUTOBIOGRÁFICOS

Título: DIÁRIOS E ESCRITOS AUTOBIOGRÁFICOS
Fernando Pessoa

1ª. Edição, 2024

Supervisão de arte: Carlos Renato

Nota do editor: por fidelidade, a edição brasileira mantém a ortografia da edição portuguesa original

Dados Internacionais de Catalogação na Publicação (CIP)
(Câmara Brasileira do Livro, SP, Brasil)

Pessoa, Fernando, 1888-1935
Diários e escritos autobiográficos / Fernando Pessoa.
1. ed. - São Paulo: Autores e Ideias:
Assírio & Alvim, 2024.
ISBN 978-65-84832-19-0

1. Literatura portuguesa 2. Memórias
autobiográficas I. Título.

24-188336 CDD-869.87

Índices para catálogo sistemático:
1. Literatura portuguesa 869.87
Tábata Alves da Silva - Bibliotecária - CRB-8/9253

ASSÍRIO & ALVIM é um selo editorial publicado no Brasil pela Autores e Ideias Editora Ltda. sob licença da Porto Editora S.A.

Contato: assirioealvimbrasil@gmail.com
@assiriobr
www.assirio.com.br

REPÚBLICA PORTUGUESA
CULTURA
DIREÇÃO-GERAL DO LIVRO, DOS ARQUIVOS E DAS BIBLIOTECAS

Edição apoiada pela Direção-Geral do Livro, dos Arquivos e das Bibliotecas/Cultura - Portugal

Fernando Pessoa

DIÁRIOS E ESCRITOS AUTOBIOGRÁFICOS

edição
Fernando Cabral Martins
Richard Zenith

ASSÍRIO & ALVIM

PREFÁCIO

Num dos trechos mais memoráveis do *Livro do Desassossego*, Bernardo Soares define a sua obra-prima (e única) como uma «autobiografia sem factos», uma designação que poderia caracterizar a maior parte da obra literária de Fernando Pessoa, feita a partir de poucos factos mas de muitas ideias e sentimentos que o habitavam ou visitavam. Poderia parecer, portanto, que uma leitura atenta da sua obra fosse a maneira mais segura de conhecer o autor. No entanto, a questão torna-se complicada pelo facto de Pessoa ser vários autores, sendo boa parte da sua mais cintilante prosa e poesia atribuída a heterónimos que, alegadamente, pensavam e sentiam coisas com as quais ele até discordava. Contudo, este «ele» discordante não é todo o Pessoa — é o fingidor, o encenador, o cérebro por detrás da sua genial empresa literária. Numa frase reveladora, o empresário descreveu-se como um «médium, assim, de mim mesmo», o que parece sugerir que os heterónimos faziam parte desse ente chamado «Pessoa», mas que necessitavam de ser invocados, como se fossem espíritos esquivos e tímidos.

Outra possibilidade é que o tímido fosse Pessoa e que, segundo uma receita de Oscar Wilde[1], precisasse de másca-

[1] «Um homem é menos verdadeiro quando fala por si próprio. Dai-lhe uma máscara e ele dirá a verdade.»

ras para dizer as suas verdades. Uma das suas máscaras mais loquazes, designadamente a de Álvaro de Campos, chegou a ser uma transmissora em direto de opiniões do progenitor. Tal é evidente, por exemplo, no seu manifesto «Aviso por Causa da Moral», dirigido ao grupo de estudantes que lançaram uma campanha contra livros «imorais», dois dos quais publicados por Pessoa na sua editora Olisipo. Mais curiosos são os casos em que Campos contradiz Pessoa, deixando-nos na dúvida quanto àquilo que o escritor por detrás destes dois nomes realmente pensava (se «realmente» for, neste caso, um conceito que faça sentido). Há um certo espanto quando se lê uma carta ao diretor da *Contemporânea* na qual Campos sugere que o artigo «António Botto e o Ideal Estético em Portugal», publicado por Pessoa nessa mesma revista, em julho de 1922, era uma sofística construção lógica com pouca relevância para a poesia homoerótica de Botto que se propunha justificar. Será que aquele longo artigo, que, entre outras reações, suscitou o movimento estudantil contra a chamada «Literatura de Sodoma», era afinal uma batota? Pessoa, no fundo — como as palavras de Campos fazem suspeitar —, terá admirado a poesia de Botto simplesmente por ser frontalmente o que era (homoerótica), sem necessidade ou desejo de ser justificada?

Os textos poéticos de Campos, por sua vez, exprimem com frequência os estados de alma de Pessoa, aumentando essa frequência com o decorrer dos anos. No poema «Tabacaria» (1928), por exemplo, é quase impossível não vermos Fernando Pessoa como o angustiado génio que pondera o agudo contraste entre a sua existência visível insignificante e o seu mundo invisível de sonhos gloriosos, embora irrealizados. No poema «Aniversário», ficcionalmente datado de 15 de outubro de 1929 (dia em que o engenheiro naval fazia 39 anos) mas escrito, de facto, no 42.º aniversário de Pessoa, é claramente este último quem sente nostalgia e lamenta a perda de tantos anos e de tantas pessoas amadas, pois a cena que retrata — uma festa com a presença de várias tias velhas e primos diferentes, num tempo em que ainda «ninguém estava morto» — corresponde exatamente às circunstâncias do quinto aniversário de Fernando, um mês antes da morte do seu pai.

As odes de Ricardo Reis, poeta definido como um «Horácio grego que escreve em português», não costumam evocar, de maneira direta, a figura de Pessoa. Todavia, a última ode, «Vivem em nós inúmeros», ainda conforme ao estilo do poeta classicista, é claramente narrada pela voz de Pessoa que, na segunda estrofe, diz ter «mais almas que uma» e «mais eus do que eu mesmo». E a ode ricardiana incluída na presente edição decerto nasceu de reflexões feitas por Pessoa ao olhar para si mesmo — precocemente envelhecido, no dia em que completou 40 anos. Mesmo a poesia de Alberto Caeiro, o heterónimo mais antitético do seu criador, denuncia um ou outro ponto autobiográfico — por exemplo, na confiança que manifesta de os seus versos não publicados virem a ser um dia amplamente lidos e apreciados.

Muita autobiografia de Fernando Pessoa, sem e com factos, transparece no *Livro do Desassossego*. «Às vezes, quando ergo a cabeça estonteada dos livros em que escrevo as contas alheias» — assim principia um trecho do livro decisivamente ambientado no escritório onde trabalhava Bernardo Soares, mas que, contudo, termina com a citação de um verso, «Quero-te só para sonho», que o narrador reclama como sendo de «um velho poema meu». Ora, o poema citado foi escrito por Pessoa em 1912 e publicado na revista *Athena*. No trecho que começa «Depois dos dias todos de chuva», Bernardo Soares observa o movimento de pessoas na igreja de São Domingos, entre uma e outra missa, e lembra-se de quando, na infância, vestia o seu «único fato melhor» e assistia à missa com a mãe, nesta ou em outra igreja lisboeta. Segundo a sua biografia, o ajudante de guarda-livros, porém, nem sequer chegou a conhecer a mãe, morta quando era ainda muito novo, tendo vindo para Lisboa apenas na adolescência, através da «mão moral» do tio, para trabalhar num escritório — pelo que temos de concluir que a criança que frequentava uma qualquer igreja lisboeta na companhia da mãe era Fernando Pessoa. E quando Soares, num terceiro trecho, nos conta como, em criança, leu «numa seleta» um passo de António Vieira sobre o palácio de Salomão que lhe trouxe lágrimas aos olhos, é certamente o próprio Pessoa que se recorda de ter lido, na infância, as belas frases do padre jesuíta, incluídas na *Nova selecta portugueza*, compilada por J.A. Moreira de Castro e publicada nos primeiros anos da década de 1890.

O carácter semiautobiográfico do *Livro do Desassossego* é confirmado pela intenção de Pessoa de adaptar os conteúdos de duas cartas — uma para a mãe e outra para Mário de Sá-Carneiro — para inclusão no *Livro*. Ou será que esta intenção confirma, antes, que as cartas eram artificiais, pouco pessoais? A carta para a Maria Madalena Nogueira Rosa, embora conte as circunstâncias reais do escritor em junho de 1914, é marcada por um tom histriónico, enquanto a missiva para Sá-Carneiro, escrita quando este já estava a contemplar o suicídio, flutua nas regiões simbolistas do paulismo, revelando-se um exercício literário, apesar do remetente afirmar, num *post scriptum*, que nunca antes escrevera «tão completamente» o seu psiquismo, «com todas as suas atitudes sentimentais e intelectuais». Sendo que a carta mostra ainda outra coisa: Pessoa não sabia lidar com o estado perturbadíssimo de Sá-Carneiro.

O fingimento e a autobiografia, em proporções que vão variando, percorrem toda a obra literária de Pessoa, e mesmo os textos não propriamente literários apresentam, por vezes, «factos» inventados. Numa espécie de «currículo» redigido em março de 1935, o poeta afirmou ter sido iniciado «nos três graus menores da (aparentemente extinta) Ordem Templária de Portugal», contudo a ordem continuava a subsistir apenas no seu imaginário. As informações reportadas pelos diários — infelizmente breves, nunca abrangendo períodos superiores a três meses — parecem ser rigorosamente factuais, mas Pessoa carimbou todas as páginas do seu diário do ano de 1906 com o nome de C.R. Anon, como se quisesse, a todo o custo, confundir máscara com verdade, ficção com realidade.

Muitos textos e poemas de Pessoa que tratam da heteronímia, a faceta mais notória da sua personalidade artística, podem também ser considerados autobiográficos. Estes textos são objeto de uma outra antologia, *Sobre a Heteronímia*, publicada nesta mesma coleção. O presente volume reúne, por sua vez, textos que lançam luz sobre o homem civil, quotidiano e emotivo, como também sobre o artista no que toca à sua atividade e à posição que ocupava na sociedade em que vivia.

São os diários de Pessoa que melhor refletem o seu dia a dia — primeiro como um estudante recém-chegado a Lisboa (diário de 1906) e depois como um escritor na casa dos 20 anos (diários de 1913 e 1915). O segundo diário, que cobre o período em que Pessoa escreveu os primeiros trechos para o *Livro do Desassossego*, mostra que o desassossego do autor correspondia não apenas a uma inquietação de ordem psíquica mas também a um estado de agitação física: vemos Pessoa a frequentar vários cafés e vários escritórios no mesmo dia, a conversar com uma grande diversidade de pessoas e a fervilhar com novas ideias literárias. No terceiro e último diário, iniciado em novembro de 1915, a vida do diarista revela-se um pouco mais pacata, mas ele continua a ser uma presença ativa no meio intelectual e artístico de Lisboa. A partir dos anos 20, porém, retirar-se-ia de cena, ficando a sua vida social artística praticamente restringida à tertúlia que se reunia no café Martinho da Arcada.

Além de diários e textos de índole diarística, a primeira secção da presente edição acolhe um considerável número de cartas, três das quais inéditas, e ainda rascunhos de cartas, apontamentos pessoais e um ou outro excerto de obras literárias (incluindo um dos já referidos trechos do *Livro do Desassossego*). Organizado cronologicamente, este conjunto de textos bastante diversificados permite-nos visualizar, ou pelo menos entrever, o poeta enquanto ser afetivo, com ligações fortes a parentes e amigos ou a braços com as suas preocupações, satisfações, saudades, esperanças e não poucas desilusões. É um autorretrato que humaniza a figura do poeta, mas que também confirma, afinal, a sua natureza essencialmente literária.

Na segunda secção, a nossa escolha de poemas privilegia os que estão ligados a acontecimentos de vida, a situações mais concretas. Mas há centenas de outros poemas, assinados por Fernando Pessoa ou pelos seus heterónimos, que poderiam constituir, à semelhança dos trechos do *Livro do Desassossego*, uma «autobiografia sem factos».

Agradecemos a Manuela Nogueira, Luísa Castro e Manuel Andrade Neves a possibilidade que nos foi dada de revelar duas cartas de Pessoa enviadas ao seu meio-irmão Luís Miguel e uma carta enviada ao seu primo Jaime.

Símbolos usados nesta edição:

[...] — supressão de texto pelos editores
[ ] — texto acrescentado pelos editores
□ — espaço deixado em branco pelo autor
† — palavra ilegível

DIÁRIOS E ESCRITOS AUTOBIOGRÁFICOS

Eu era um poeta inspirado pela filosofia, não um filósofo com faculdades poéticas. Adorava admirar a beleza das coisas, descortinar no impercetível e através do mais ínfimo a alma poética do universo.

A poesia da Terra nunca morre. Podemos dizer que houve épocas do passado mais poéticas, mas também podemos dizer □

Há poesia em tudo — na terra e no mar, nos lagos e margens dos rios. Também na cidade — não é possível negá-lo — até aqui onde estou sentado isso para mim é evidente: há poesia nesta mesa, nesta folha de papel, neste tinteiro; há poesia no ruído dos carros nas ruas, em cada movimento ínfimo, trivial, ridículo de um operário que, do outro lado da rua, pinta a tabuleta de um talho.

O meu sentido interior predomina de tal modo sobre os meus cinco sentidos que vejo as coisas desta vida — estou mesmo convencido disso — de modo diferente dos outros homens. Existe — existiu sempre — para mim um significado riquíssimo em coisas tão ridículas como a chave de uma porta, um prego na parede, os bigodes de um gato. Uma galinha com os seus pintos a atravessar a estrada com ar pimpão sugere-me a plenitude espiritual. Para mim, há um significado mais profundo do que os grandes temores da humanidade no aroma do sândalo, nas latas velhas atiradas para uma lixeira, numa caixa de fósforos caída na valeta, em dois papéis sujos que, num dia ventoso, rodopiam e vão um atrás do outro rua abaixo.

Porque a poesia é assombro, é admiração, como um ser caído do céu e com plena consciência da sua queda, espantado com o que vê. Como alguém que conhecesse a alma das coisas e se esforçasse por recordar esse conhecimento, lembrando-se de que não era com estas formas e nestas condições que as conhecia, e sem se lembrar de mais nada.

I WAS A POET animated by philosophy, not a philosopher with poetic faculties. I loved to admire the beauty of things, to trace in the imperceptible and through the minute the poetic soul of the universe.

The poetry of the earth is never dead. We may say that ages gone have been more poetic, but we can say □

Poetry is in everything — in land and in sea, in lake and in riverside. It is in the city too — deny it not — it is evident to me here as I sit: there is poetry in this table, in this paper, in this inkstand; there is poetry in the rattling of the cars on the streets, in each minute, common, ridiculous motion of a workman who, the other side of the street, is painting the signboard of a butcher's shop.

Mine inner sense predominates in such a way over my five senses that I see things in this life — I do believe it — in a way different from other men. There is for me — there was — a wealth of meaning in a thing so ridiculous as a door key, a nail on a wall, a cat's whiskers. There is to me a fullness of spiritual suggestion in a fowl with its chickens strutting across the road. There is to me a meaning deeper than human fears in the smell of sandalwood, in the old tins on a dirt heap, in a matchbox lying in the gutter, in two dirty papers which, on a windy day, will roll and chase each other down the street.

For poetry is astonishment, admiration, as of a being fallen from the skies taking full consciousness of his fall, astonished at things. As of one who knew things in their soul, striving to remember this knowledge, remembering that it was not thus he knew them, not under these forms and these conditions, but remembering nothing more.

◆

[DIÁRIO DE 1906]

15 DE MARÇO

Curso Superior[1]: Geografia e Inglês. Biblioteca Nacional; li a *Lógica* de Aristóteles, traduzida por J.B. Saint-Hilaire. Regressei a casa às 3:30. Pensei num trabalho escrito sobre os direitos da mulher e numa defesa satírica da prostituição masculina. Comecei «The Door»[2]. Li um livro sobre Fisionomia. Jantei às 4:30. Passeei pela rua do fim da tarde até às 9:30.

[1] Curso Superior de Letras, no qual Pessoa se matriculara em outubro de 1905.

[2] Um conto incompleto, escrito entre março de 1906 e outubro de 1907, segundo o original deixado pelo autor.

16 DE MARÇO

Feriado. O Rei voltou de Madrid. Li um pouco sobre Fisionomia. Biblioteca fechada, claro, por isso não pude ir lá para continuar a ler o *Organon*. Dia quente, muito quente, tal como ontem. Li Tennyson. Fui dar um passeio, ao fim da tarde, com o Cochado Torres[1]. Regressei às 9:30. Joguei o loto até à hora do lanche. Dificuldades na elaboração mental de «Jacob Dermot». Na Avenida, pensei num poema para incluir em *Revolta*[2].

17 DE MARÇO

Não fui ao Curso. Pedrouços[3] às 4. Tinha estado na Biblioteca Nacional a ler *Organon* de Aristóteles. Fiquei em Pedrouços.

18 DE MARÇO

Domingo. Em Pedrouços. Fui dar um longo passeio a pé com a Tia Maria. Não fiz mais nada. Voltei a passar lá a noite.

19 DE MARÇO

Em Pedrouços. Segunda-feira — feriado. Aniversário da Tia Anica. Jantar de família em Pedrouços. Voltei para casa à noite. Não fiz nada.

[1] José Maria Cochado Torres, condiscípulo do Curso.

[2] Projeto de poemas antimonárquicos escritos em português.

[3] Pessoa, nesta altura, vivia com a tia Anica na Rua S. Bento. A tia-avó Maria, já viúva, habitava na Quinta do Duque do Cadaval, em Pedrouços, vivendo com ela a tia-avó Rita e a avó Dionísia.

20 DE MARÇO

Em casa, em Lisboa. Não houve aulas — houve ponte entre feriados. Biblioteca Nacional. Reflexão sobre as Categorias para a minha planeada *Metafísica*. Grande satisfação: a solução está muito perto. Queda do Ministério[1], pelo que grande parte de *Revolta* deixa de fazer sentido. Paciência; escrevê-lo-ei em defesa do Republicanismo. Estabeleci uma classificação das Categorias em três; grande parte do problema fica assim resolvida. Ainda tenho de determinar as subdivisões dessas Categorias. Apresentado casualmente, pelo Dr. Ferraz, ao Padre Sena Freitas[2], outrora um grande polemista. Observei-lhe o semblante. Nariz curto e combativo, largo na ponta; lábios finos, queixo quadrado. Propenso à grosseria e à obscenidade, como pude perceber nos cinco minutos que durou a conversa. Ferreira & Oliveira[3] à noite; não estava lá ninguém com quem conversar ou dar um passeio.

21 DE MARÇO

Último dia sem aulas no Curso. Fiquei em casa todo o dia. Comecei «Circle of Life»[4]. Escrevi a «Ballad of King Gondomar», contra a guerra e contra a religião. Não consegui continuar «The Door». Pensei num trabalho «sobre o

[1] Trata-se do ministério progressista chefiado por José Luciano de Castro e minado por uma série de escândalos. Sucedeu-lhe um ministério regenerador liderado por Hintze Ribeiro.

[2] José Joaquim de Sena Freitas (1840-1913), escritor e pregador notável. Os seus livros incluem *Autópsia à Velhice do Padre Eterno*.

[3] Uma livraria da Rua de Ouro, mais tarde chamada Livraria Ferreira, muito frequentada por Pessoa.

[4] O título consta de várias listas de ensaios ou contos.

Estado». Continuei um poema para *Revolta*. Comecei «Notes on Noses». Esbocei um poema curto sobre Shakespeare.

22 DE MARÇO

Primeiro dia no Curso depois dos feriados — Geografia e Inglês — dia maçador e estúpido. À noite fiquei em casa (não — saí e voltei às 9). Depois escrevi o trabalho sobre Alceste, Filinto e Celimene[1] para o Curso, disciplina de Francês. Fiquei a pé até às 2h30 à volta desta maldita coisa. Deixo sempre tudo para a última hora.

23 DE MARÇO

Curso — Francês. Não fiquei para Filologia — que, aliás, não houve. Passeei com o Rebelo[2] por toda a cidade. À noite voltei a sair com o Rebelo; encontrámos vários idiotas de mentes sórdidas e convencionais. Jovens e cheios de saúde, sem dúvida.

24 DE MARÇO

Curso — História; maçador, embora o Ramos[3] tenha alguma graça. Sentei-me entre dois elementos da aristocracia; diagnóstico: degenerescência (inferiores). Fui a pé para a Biblioteca com outros sujeitos igualmente convencionais (mas desta vez da classe baixa, como se diz); tão convencionais

[1] Personagens do *Misantropo* de Molière. Existem passagens deste trabalho no Espólio de Pessoa.

[2] Armando Teixeira Rebelo (1883-1972), condiscípulo do Curso Superior, passou um ano da infância na África do Sul. Muito referido no diário de 1913, Rebelo foi, ao longo dos anos, um dos amigos mais constantes de Pessoa. A sua futura esposa, Beatriz Osório de Albuquerque, também era colega de Curso, sendo Pessoa padrinho de Signa, a filha do casal.

[3] Manuel Maria de Oliveira Ramos, professor de História.

como os aristocratas, embora não o sejam. Biblioteca: Weber, *History of European Philosophy*: Escola Jónica, Tales, Anaximandro e Anaxímenes. Livro muito bem escrito, tirei notas. A teoria de Tales, puramente primitiva; a de Anaximandro, muito mais profunda e mais verdadeira; a de Anaxímenes, a materialização, como seria de esperar de uma mente primitiva, da teoria do seu mestre. À noite, Coliseu — noite de Antonet e Walter[1]. Esplêndido, ri-me imenso. Falei com alguns que pensava não serem convencionais e achei-os escravizados tão profundamente como qualquer outro escravo. Já perdi a esperança de fazer amizade com alguém *aqui*; farei todos os esforços para sair daqui o mais depressa possível.

25 DE MARÇO

Fiquei em casa. Domingo. Revelei e fixei (ou melhor, vi revelar e fixar) fotografias (não muitas) de grupo e de mim sozinho; tirei uma fotografia em trajes exóticos com o Mário[2] e assisti à sua revelação e fixação. Não fiz absolutamente nada.

26 DE MARÇO

Curso: Francês e Filologia. Não aconteceu nada de especial. Fui à Baixa com o Rebelo. Vagueámos por lá. Não fiz absolutamente nada.

[1] Antonet era um palhaço espanhol de muito renome que, nessa altura, tinha como parceiro um palhaço belga chamado «Little Walter».

[2] Mário Nogueira de Freitas (1891-1932), filho da Tia Anica e um grande companheiro de Pessoa. Colaboraram já em pequenos na criação do jornal manuscrito *A Palavra*, quando Pessoa, com 13 anos, passou nove dias em Angra do Heroísmo. Depois de adultos, Pessoa trabalhou em vários escritórios do seu primo, entre os quais Félix, Valadas & Freitas, onde conheceu Ofélia Queiroz, no final de 1919.

27 DE MARÇO

Curso: Geografia e Inglês. Um dia aborrecido, como é costume. Depois, Biblioteca. Li a *History of Philosophy* de Weber, estando agora a estudar as escolas Jónica e Eleática. Tenho de ver outras Histórias, comparar e tirar notas. Fui à Baixa à noite; nada fora do comum. Tenho de ler mais poesia, de modo a neutralizar um pouco o efeito da filosofia pura. Não fiz nada.

28 DE MARÇO

Faltei ao Curso; também vou faltar amanhã; há um exercício escrito de Geografia e eu não sei absolutamente nada da matéria. Odeio todas as tarefas que me são impostas. Biblioteca Nacional; continuei a ler a *History* de Weber; ainda só vou na Escola Eleática. Planeei uma viagem a Inglaterra. Não tenho dinheiro; há que arranjá-lo. Primeiro tenho de ser operado: circuncisão. De nada serve ir a países estrangeiros sem ter remediado esse mal. Continuei «Door». Como hei de conseguir ter as minhas coisas datilografadas? Tenho de pensar nisso.

29 DE MARÇO A 1 DE ABRIL

Ocupado com o Curso e simples meditação, sem leitura. Elaborei alguns argumentos para a minha *Metafísica*[1].

[1] No verso de duas folhas do diário encontram-se alguns dos referidos argumentos e vários títulos para capítulos ou secções do projetado ensaio: «Method of Ontology», «Method of Metaphysics» e «On Method».

2 DE ABRIL — SEGUNDA-FEIRA

Aniversário da Maria[1]. Um dia quente, sufocante; não fiz absolutamente nada.

3 DE ABRIL — TERÇA-FEIRA

Curso: Geografia, Inglês. Aumenta o peso das tarefas impostas. Não pude ir à Biblioteca, porque tive de ir ajudar o Sardoeiro[2]. Fi-lo da melhor vontade. Escrevi «Thy Will be Done»[3], composição satírica.

QUARTA-FEIRA 4 DE ABRIL a QUARTA-FEIRA 11 DE ABRIL

Não mantive o diário. Não escrevi nada *de jeito*. Li *Vanity Fair*, a *Voyage to the Moon* e metade de *Round the Moon*, de Jules Verne. Continuei «Door». Mais alguns argumentos para a minha *Metafísica Racional*[4]. Pensei no plano para «Stolen Document», versão corrigida da «Purloined Letter», de Poe, que deverá ser escrita como o presumível relato verdadeiro do caso da carta roubada.

QUINTA-FEIRA, 12 DE ABRIL

Semana Santa. Visitei o Cochado Torres, que está a escrever a sua pequena novela. Continuei «Door». *Determinado a escrever, antes de* Sub Umbrâ[5], *um livro de poemas em*

[1] Maria, a filha da tia Anica, fez 13 anos nesse dia.

[2] Bernardo de Oliveira Sardoeiro, condiscípulo do Curso Superior.

[3] Um poema, assinado «Ch. R. Anon» e datado de 3-4-1906.

[4] A obra projetada contemplava três volumes, intitulados *Critique of Human Reasoning*, *The Non-Existent*, e *The Existent*.

[5] Pessoa planeou um livro de poemas líricos chamado *Sub Umbrâ* em 1904, quando ainda vivia em Durban.

inglês a atacar a religião, etc., uma vez que os poemas de combate que escrevi são, segundo creio, impróprios para serem publicados em conjunto com poemas líricos no volume *Sub Umbrâ*. Tenho de continuar *Revolta*.

Planeei e comecei a escrever um trabalho em inglês contra a pena de morte[1], e, possivelmente, contra os maus-tratos nas prisões. Tenho de ler livros sobre o livre-arbítrio para estar em condições de escrever contra a pena de morte.

Li um pouco de Rousseau (*Inegalité parmi les hommes*) e comecei a ler Guerra Junqueiro (*Velhice do Padre Eterno*).

SEXTA-FEIRA 13 A QUINTA-FEIRA 17 DE ABRIL

Trabalhei relativamente pouco. *Alguns poemas para o meu primeiro livro de versos em inglês* (que será, não *Delirium*, mas *Death of God*). Cheguei à conclusão que o tratado revolucionário *Pela República* deve ser escrito numa linguagem simples e publicado a seguir a *Revolta*. Estabeleci mais alguns argumentos para a minha metafísica. Tenho muito que ler. Biblioteca fechada; abre sexta-feira, dia 20. Planeei um opúsculo contra o casamento[2] — toda a instituição, tanto civil como religiosa. Terminei *Velhice do Padre Eterno*. Pensei muito, mas li pouco. Continuei — quase concluí — «The Door». Dei início a «Stolen Document».

[1] «Against the Death Penalty». Também escreveria, pouco tempo depois, uma «Defence of the Death-penalty».

[2] Há pelo menos dois textos — «On the Institution of Marriage» e «Dissertation against Marriage» — que poderiam fazer parte do referido panfleto.

SEXTA-FEIRA, 20 DE ABRIL DE 1906

Ainda de férias. Biblioteca Nacional; comecei a ler a *Crítica da Razão Pura*, na tradução francesa de Barni. Escrevi vários poemas curtos. Pensei aturadamente na minha *Metafísica*. Tenho de fazer três trabalhos escritos para o Curso; vai tomar grande parte do meu tempo, que é precioso. Tenho de concluir muitos poemas curtos ainda fragmentários. Comecei a aprender alemão. Li *Vanity Fair*, de Thackeray (apenas uma parte, claro).

SEXTA-FEIRA, 27 DE ABRIL

Já me livrei de dois dos três trabalhos. Tenho andado a ler (embora hoje não tenha tido tempo) a *Crítica da Razão Pura*, na tradução francesa de Barni. Isto porque já tinha acabado a leitura de *Vanity Fair*. Esta semana não tive tempo para continuar com o alemão. Tenho de vender a minha diminuta coleção de selos para poder devolver ao Tio António 3000 réis[1] (que imprudentemente lhe pedi emprestados para comprar *Life of Shelley*, de Dowden). «Door» concluída; precisa apenas de alguns retoques. Preciso de dinheiro para poder oferecer os exemplares de *Pela República*, ou melhor, para mandar imprimir o livro.

11 DE MAIO DE 1906

Comecei a ler a sério todos os livros que tinha lido na infância e na adolescência sem grande proveito. Li o *Childe*

[1] Tratar-se-ia de António Pinheiro Silvano, um primo em segundo grau 17 anos mais velho do que Pessoa, ou então do tio-avô António Maria Silvano, pai desse primo.

Harold, Cantos I & II, de Byron, «Hebrew Melodies» e «St. Agnes' Eve» de Keats, os primeiros capítulos do *Homme Criminel*, de Lombroso, e um curto poema de Schiller (traduzido com dificuldade, pois só agora comecei a aprender alemão). A preparar a minha falácia filosófica — «Sobre a Fenomenologia do Lexicon», para a Aula de Filologia; o tema que nos deram foi «A Orientação do Lexicon». Tenho de obter dinheiro de Inglaterra enviando para lá os meus escritos. É pena não ter máquina de escrever. Com o dinheiro que conseguir tentarei comprar uma.

12 DE MAIO (SÁBADO)

Curso. Fiz muito pouca coisa. Não li nada que valha a pena mencionar.

13 DE MAIO (DOMINGO)

Um dia escuro e chuvoso; fiquei em casa. Fui investigar em Vallet[1] acerca da Filosofia Escolástica. Li 50 páginas de Campoamor[2] (*Doloras y Cantares*).

14 DE MAIO (SEGUNDA-FEIRA)

Curso — Filologia. Vagueei por aí. Vagabundagem obsessiva. À noite fiquei entre as seis e meia e as onze em casa do Sardoeiro a trabalhar para o Curso, quer dizer, a fingir que trabalhava.

[1] Pierre Vallet, autor de *Histoire de la philosophie* (1886).

[2] Ramón de Campoamor (1817-1901), poeta espanhol, foi muito apreciado na viragem do século. Existem dois livros da sua autoria na biblioteca de Pessoa.

16 DE MAIO DE 1906 (QUARTA-FEIRA)

Visitei o Henrique Rosa[1]. Ouvi-o ler — especialmente para mim — uma esplêndida crítica das *Palavras Cínicas*, de Sampaio[2]. Espírito enorme e maravilhoso; um pessimista filosófico de enorme categoria. Os seus conhecimentos científicos são vastíssimos. Emprestou-me *Palavras Cínicas* e o *Evangelho Novo*[3] de Silva Passos. À noite, li metade do primeiro.

18 DE MAIO (SEXTA-FEIRA)

Curso. Continuo em casa o meu trabalho sobre filologia, ou melhor, uma caricatura disso. Não li nada; não tive tempo.

19 DE MAIO

Nada de importante. Li Chatterton[4]. Terminei *Palavras Cínicas*. O meu trabalho filológico arrasta-se devido à falta de argumentos habitualmente aceites.

[1] Irmão do padrasto de Pessoa, o general Henrique Rosa (1850-1925) foi um intelectual e poeta que colaborou intensamente em jornais e revistas da época. Muito estimulou o jovem Pessoa que, mais tarde, publicaria poemas seus na revista *Athena* (1924-1925).

[2] Albino Forjaz de Sampaio (1884-1949) foi crítico e romancista.

[3] Existe na biblioteca de Pessoa uma edição antológica, impressa em 1928, desta coletânea de poemas. Francisco da Silva Passos (1884-1931), poeta e jornalista, foi um grande defensor da causa republicana.

[4] Um exemplar de *The Poetical Works of Thomas Chatterton*, com a assinatura de F.A.N. Pessoa e o carimbo de C.R. Anon, encontra-se na biblioteca de Pessoa. Chatterton (1752-1770) escreveu boa parte da sua poesia numa linguagem arcaizante, sob o nome de Thomas Rowley, um monge imaginário do século XV. Envenenou-se com 18 anos incompletos.

20 DE MAIO DE 1906 (DOMINGO)

Saí todo o dia. Não li absolutamente nada.

21 DE MAIO DE 1906 (SEGUNDA-FEIRA)

Curso. Francês e Filologia. Não fiz mais nada.

22 DE MAIO (TERÇA-FEIRA)

Curso. Geografia e Inglês. Li Molière: *L'Étourdi*.

23 DE MAIO DE 1906 (QUARTA-FEIRA)

Curso: História. Estive bastante doente o resto do dia, embora não de cama.

24 DE MAIO (QUINTA-FEIRA)

Fui passar o dia a Pedrouços. Fui até lá a pé com o Mário, levámos duas horas. Jantei e regressei.

25 DE MAIO (SEXTA-FEIRA)

Curso: Francês e Filologia. Li Keats e a *Métromanie*, de Piron[1]. Decidi passar a ler, a partir de agora, pelo menos dois livros por dia — *um* de poesia, ou literatura, *outro* de ciência ou filosofia. Acabei as primeiras frases da minha primeira obra filosófica.

SÁBADO, 26 DE MAIO DE 1906

Antes do pequeno-almoço, li Gresset: *Vert-Vert* e *Le Carême impromptu*, bem como o primeiro ato de *Le mé-*

[1] Alexis Piron (1689-1773), poeta e epigramista francês de teor satírico.

chant[1]. Escrevi um poema sobre pessoas num comboio: embriaguez e medo, com base no facto de, quando voltávamos de Pedrouços na quinta-feira, termos vindo num comboio apinhado, cheio de gente embriagada. Perguntando a mim mesmo o que fariam se subitamente houvesse uma colisão e tendo a imediata certeza do medo em que a sua boa disposição se transformaria, escrevi o poema, na tentativa de exprimir essa dolorosa verdade. — Curso. Voltei diretamente para casa — um dia quente e horrível. Acabei de ler *Méchant*. Li o primeiro capítulo de *Riddle*, de Haeckel[2]. Comecei uma carta para o Prior dos Mártires[3].

DOMINGO, 27 DE MAIO DE 1906

Um dia horrivelmente quente. Tive de ir a Belas[4]. A viagem de comboio foi pavorosa, sobretudo ao passar pelo túnel no túnel, na volta. Pensei que ia morrer sufocado. Não li nada; absolutamente impossível.

[1] Os dois poemas e a peça de teatro encontram-se nas *Œuvres choisies de Gresset* (Paris, 1903), livro existente na biblioteca de Pessoa. Por os seus poemas serem julgados irreverentes, Jean-Baptiste-Louis Gresset (1709-1777) foi demitido da Companhia de Jesus.

[2] *Riddle of the Universe* (*Enigmas do Universo*), do biólogo e filósofo materialista Ernst Haeckel (1834-1919).

[3] Carta não acabada (28 99) que ostenta o carimbo «C.R. Anon» no verso e foi publicada em *Pessoa por Conhecer* (pp. 79-80). Nela, Pessoa protesta contra o seu batismo na dita paróquia, já que o rito «subentende, segundo penso, a integração da vítima na Igreja Católica; obriga o indivíduo, quando ainda ente irracional, a fazer parte duma associação demasiado humana com as teorias da qual o seu raciocínio mais *viril* talvez não queira *concordar*».

[4] Pessoa foi visitar a mãe do padrasto, D. Henriqueta Margarida Rodrigues, internada desde 1895 numa casa de saúde em Belas. Morreria em 1909, com 86 anos de idade.

SEGUNDA-FEIRA, 28 DE MAIO DE 1906

Curso: Francês, Filologia e História (aula extra). Passeei pela Avenida com o Corado[1], a discutir filosofia. Ele é muito mais lido e muito melhor pensador do que eu. — Um dia ainda mais horrivelmente quente do que ontem. Vida absolutamente insuportável. Li o Capítulo II do *Riddle* de Haeckel.

TERÇA-FEIRA, 29 DE MAIO

Curso: Geografia e Inglês. Um calor horrível; o pior dia até agora. Não li nada; é impossível.

QUARTA-FEIRA, 30 DE MAIO

Não houve Curso; fiquei em casa. Li em voz alta para a tia Anica. Não fiz mais nada.

QUINTA-FEIRA, 31 DE MAIO

Curso: Geografia e Inglês. Uma aula de inglês muito divertida. Dia melhor; pouco fiz.

SEXTA-FEIRA, 1 DE JUNHO

Feriado: Abertura das Cortes. Uma multidão de republicanos desfilou em protesto mas sem grande alarido. Tomei a decisão, cheio de entusiasmo, de escrever o meu panfleto. Li.

[1] Carlos Celestino Corado, condiscípulo de Pessoa no Curso Superior, é muito referido no seu diário de 1913. Pessoa dedicou a este amigo «Em Busca da Beleza», conjunto de seis sonetos datado de 27-2-1909.

SÁBADO, 2 DE JUNHO

Curso. História. Passeei pela cidade indolentemente e sem companhia. Não li nada.

DOMINGO, 3 DE JUNHO

[nada registado]

MARCH 15

Curso Superior: Geography and English. Biblioteca Nacional; read Aristotle's *Logic*, translated by J.B. Saint-Hilaire. Returned home 3:30. Thought of dissertation on Female Rights and satiric plea for masculine prostitution. Began "The Door". Read book on Physiognomy. Dined 4:30. Walked out all evening till 9:30.

MARCH 16

Holiday. King coming from Madrid. Read a little about Physiognomy. Biblioteca closed of course, so could not go there to continue reading *Organon*. Hot day, very hot, just as yesterday. Read Tennyson. Walked out in the evening with Cochado Torres. Returned 9:30. Played quino up to tea-time. Difficulties in mental execution of "Jacob Dermot". Thought of poem on Avenida, to be included in *Revolta*.

MARCH 17

Neglected Curso. Pedrouços at 4. Had been in the Biblioteca Nacional reading Aristotle's *Organon*. Stayed at Pedrouços.

MARCH 18

Sunday. At Pedrouços. Went for a long walk with Tia Maria. Nothing else done. Stayed the night also.

MARCH 19

At Pedrouços. Monday — a holiday. Tia Anica's birthday. Family dinner at Pedrouços. Returned home at night. Nothing done.

MARCH 20

At home in Lisbon. No Curso — a holiday, because between two holidays. Biblioteca Nacional. Think out Categories for my projected *Metaphysics*. Great pleasure — very near to solution. Ministry falls, so that a great part of *Revolta* is useless. Never mind; shall write it in the cause of Republicanism. Established threefold classification of the Categories; great part of the problem thus mastered. Have yet to determine the subdivisions of the Categories. Introduced casually, by Dr. Ferraz, to Padre Sena Freitas, once a great polemist. Remarked his countenance. Short combative nose, broad at the tip; thin lips, square jaw. Dirty and obscenely minded, as I could see in the five minutes of conversation. Ferreira & Oliveira at night; no one there with whom to talk or walk.

MARCH 21ST

Last holiday at the Curso. Stayed at home the whole day. Began "Circle of Life". Wrote "Ballad of King

Gondomar", against war and against religion. Unable to continue "The Door". Thought of work "on the state". Continued a poem in the *Revolta*. Began "Notes on Noses". Sketched a short poem on Shakespeare.

MARCH 22ND

First day in Curso after holidays — Geography and English — dull and stupid day. Stayed at home (no — walked out and came back at 9 p.m.) at night. Afterwards wrote dissertation on Alceste, Philinte and Célimène for Curso, French Class. Stayed up till 2:30 with this confounded thing. Always do things at the last moment.

MARCH 23RD

Curso — French. Did not stay to Philology — which, as it turned out, did not take place. Walked all about town with Rebelo. At night also walked about with Rebelo; came across a lot of dirty-minded conventional idiots. Youth and health, no doubt.

MARCH 24TH

Curso — History; dull though Ramos is amusing. Sat between two members of the aristocracy; diagnosis: degeneration (inferior). Walked to the Biblioteca with some other conventionals (of a low class — as they say — this time); these are also conventional, though they are not aristocratic. Biblioteca: Weber, *History of European Philosophy*: Ionian School, Thales, Anaximander and Anaximenes. Very well written book. Took notes. Thales' theory purely primitive; Anaximander's far deeper and more true; Anaximenes' a materialization, natural enough for a primitive mind, of his master's. At night Coliseum — Antonet and Walter's night. Splendid, laughed a lot. Spoke with some whom I had thought unconventional, and found them as profoundly enslaved as any other slave. I have no hope now in any friendship *here*; I shall strive to get away as soon as possible.

MARCH 25TH

Stayed at home. Sunday. Toned and fixed (or rather, saw toned and fixed) photographs (little) of group and self; had one taken in exotic costume with Mário, and saw it toned and fixed. Nothing at all done.

MARCH 26TH

Curso: French and Philology. Nothing special happened. Went down town with Rebelo. Wandered about. Nothing at all done.

MARCH 27TH

Curso: Geography and English. A day dull, as usual. Biblioteca after. Read Weber's *History of Philosophy*; studying now Ionian and Eleatic Schools. Must see other histories, compare, and take notes. Went down town at night; nothing unusual. Must read more poetry, so as to neutralize somehow the effect of perfect philosophy. Nothing done.

MARCH 28TH

Absented myself from Curso; will be absent also tomorrow; there is a written exercise in Geography and I know nothing at all of the matter. I hate all work imposed. Biblioteca Nacional; continued reading Weber's *History*; still studying Eleatic School. Voyage to England projected. No money; must get it. Have to be operated first: circumcision. It is of no advantage to go to foreign countries with such an evil not remedied. Continued the "Door". How to get my things typewritten? Must think it over.

MARCH 29TH to APRIL 1

Taken up with Curso and mere meditation without reading. Got some arguments for my *Metaphysics*.

APRIL 2ND — MONDAY

Maria's birthday. A warm, oppressive day; nothing at all done.

APRIL 3RD — TUESDAY

Curso: Geography, English. The weight of imposed work gets greater. Could not go to the Biblioteca, as I had to go and help Sardoeiro. Only too glad to do it. Wrote "Thy Will be Done", satiric piece.

APRIL 4TH WEDNESDAY TILL APRIL 11TH WEDNESDAY

No diary kept. Nothing *positive* written. Read *Vanity Fair*, Jules Verne's *Voyage to the Moon* and half of *Round the Moon*. Continued the "Door". Some more arguments for my *Rational Metaphysics*. Thought out plan of "Stolen Document", correction of Poe's "Purloined Letter", to be written as a presumed true account of the stolen letter affair.

THURSDAY, APRIL 12TH

Holy Week. Visited Cochado Torres, who is writing his little novel. Continued "Door". *Determined to write before* Sub Umbrâ *a book of English poems attacking religion etc.*, inasmuch as the attack poems which I have written are, I believe, improper for publication together with lyrics in the *Sub Umbrâ* volume. Must go on with *Revolta*.

Planned and wrote a little of an English work against the death penalty, and, perhaps, against unkind incarceration. Must read books on free will to be able to attack the death penalty.

Read a little Rousseau (*Inegalité [parmi les hommes]*) and began reading Guerra Junqueiro (*Velhice do Padre Eterno*).

FRIDAY 13TH TO TUESDAY 17TH APRIL

Work comparatively little. *Some poems for my first English verse-book* (i.e. not *Delirium* but *Death of God*). Planned revolutionary treatise *Pela República* to be couched in simple language and to follow *Revolta.* Got some arguments for my metaphysics. Have much to read. Biblioteca closed; open on Friday 20th. Planned pamphlet against marriage — the entire institution whether civil or religious. Finished *Velhice do Padre Eterno.* Thought much but read little. Continued — almost finished — the "Door". Began "Stolen Document".

FRIDAY, 20TH APRIL, 1906

Holidays yet. Biblioteca Nacional; began reading *Critique of Pure Reason* in the French translation by Barni. Wrote several little poems. Thought deeply on my Metaphysics. Have three dissertations to do for the Curso; this will take my time, which is precious. Have to finish many little poems yet fragmentary. Began to learn German. Read Thackeray's *Vanity Fair* (part of it only, of course).

FRIDAY, APRIL 27TH

Have disposed of 2 of the 3 dissertations. Have been reading (though no time to-day) the *Critique of Pure Reason* in the French translation of Barni. I had finished reading *Vanity Fair.* Had not time this week to go on with German. Must sell my very small stamp collection to be able to pay back Tio António's 3000 réis (which I carelessly borrowed to buy Dowden's *Life of Shelley*). "Door" finished; needs only retouching. I need money to be able to give away the copies of *Pela República*, or rather, to get the book printed.

MAY 11TH, 1906

Began reading seriously all the books I had read in childhood and boyhood, uselessly enough. Read Byron's *Childe Harold*, Cantos I & II, "Hebrew Melodies", Keats' "St. Agnes' Eve", the first chapters of Lombroso's *Homme Criminel* and one small poem of Schiller's (translated with difficulty, for I am but beginning to learn German). Preparing my philosophical fallacy — "On the Phenomenology of the Lexicon", for the Philology Class; the subject given us was "A Orientação do Lexicon". Must obtain money from England by sending my compositions. It is unfortunate that I have no typewriter. With the money coming I shall attempt to buy one.

MAY 12TH (SATURDAY)

Curso. Very little done. Read nothing worth mentioning.

MAY 13TH (SUNDAY)

A dark and rainy day; remained at home. Read about Scholastic Philosophy in Vallet. Read 50 pages of Campoamor (*Doloras y Cantares*).

MAY 14TH (MONDAY)

Curso — Philology. Wandered about. Vagabondage by obsession. Night stayed 6½-11 at Sardoeiro's; doing work for Curso, i.e. pretending to.

MAY 16TH 1906 (WEDNESDAY)

Called on Henrique Rosa. Heard him read — to me — a marvellous critique of Sampaio's *Palavras Cínicas*. An enormous and wonderful mind; a philosophic pessimist of a very high order. His scientific knowledge is enormous. He lent me *Palavras Cínicas* and Silva Passos' *Evangelho Novo*. Read half of the first at night.

MAY 18TH (FRIDAY)

Curso. Am continuing at home my dissertation on philology, or rather the parody meant for one. Read nothing; no time.

MAY 19TH

Nothing important. Read Chatterton. Finished *Palavras Cínicas*. My philological dissertation is lagging on account of lack of fictitious arguments.

20TH MAY 1906 (SUNDAY)

Went out for the whole day. Read nothing at all.

21ST MAY, 1906 (MONDAY)

Curso. French & Philology. Nothing else done.

22ND MAY (TUESDAY)

Curso. Geography & English. Read Molière: *L'Étourdi*.

23RD MAY, 1906 (WEDNESDAY)

Curso: History. Very ill the rest of the day though not in bed.

24TH MAY (THURSDAY)

Went to Pedrouços for the day. Walked thither with Mário, taking two hours. Dined & returned.

25TH MAY (FRIDAY)

Curso: French & Philology. Read Keats and the *Métromanie* of Piron. I determine henceforth to read at least two books every day — *one* poetry, or belles lettres, *another* science or philosophy. Finished the first propositions of my first philosophical work.

SATURDAY, 26TH MAY, 1906

Read Gresset: *Vert-Vert* and *Le Carême impromptu* as well as the first act of *Le Méchant* before breakfast. Wrote a poem on people in a train: drunkenness and fear, founded on the fact that when we were returning from Pedrouços on Thursday, we came in a crowded train full of drunken people. Wondering within myself what they would do if there were suddenly a collision, and feel[ing] soon certain of the fear into which their joy would be changed, I wrote the poem, as expressing a painful truth. — Curso. Returned straight home — a warm & terrible day. Finished reading *Méchant*. Read first chapter of Haeckel's *Riddle*. Began letter to Prior dos Mártires.

SUNDAY, 27TH MAY, 1906

A horribly warm day. Had to go to Belas. Awful in the train, especially in the tunnel on returning. I thought I should die of suffocation. Read nothing; absolutely impossible.

MONDAY, MAY 28TH 1906

Curso: French, Philology & History (special lesson). Walked in Avenida with Corado discussing philosophy. He is far more read and a far better thinker than I. — A day still more horribly warm than yesterday. Life absolutely insupportable. Read Chapter II of Haeckel's *Riddle*.

TUESDAY, MAY 29TH

Curso: Geography and English. Horribly warm; the worst day yet. Read nothing; impossible.

WEDNESDAY, MAY 30TH

No Curso; stayed at home. Read aloud to tia Anica. Did nothing else.

THURSDAY, MAY 31ST

Curso: Geography and English. A very amusing English Lesson. A better day; did little.

FRIDAY, JUNE 1ST

Holiday: Opening of Cortes. Crowds of protesting republicans passed quietly enough. I determine with great eagerness to write my pamphlet. Read.

SATURDAY, JUNE 2ND

Curso. History. Walked listlessly and companionlessly about town. Read nothing.

SUNDAY, JUNE 3RD

[nada registado]

♦

[CARTA A SUA MÃE]

O Papá é um homem honesto, a quem eu sou muito grato e a quem muito respeito e estimo, mas neste assunto não tem palavra, nem entra no Templo. Desculpo-lhe que não me compreenda; custa-me a desculpar-lhe que não compreenda que me não compreende e se meta em assuntos onde a sua boa-vontade não é piloto, nem a sua honestidade guia.

Há um campo onde podemos entender-nos: é no da nossa estima comum. Fora disso, desde que passa para o que é *meu*, e começa às alfinetadas à minha alma, já não é possível acordo nem bem-estar relacional.

A Mamã gosta de mim; não simpatiza comigo.

Não nos daremos mal. Por intolerante que a Mamã seja, eu não o sou. Eu compreendo que a Mamã não compreenda e, ainda que essa incompreensão me irrite e me fira, e a sua revoltante falta de tato me fira e me irrite mais, sofro demais os ímpetos de quase-ódio que isso causa, e escrevo com este incómodo[?], secamente, lucidamente.

Eu não quero que reconheçam a minha igualdade. Quero apenas que a não calquem inculcando-se meus iguais. Eu por minha parte saberei respeitar todos os preconceitos, † e as honestas incompreensões da sua alma.

Bem sei que a Mamã vai responder a isto num tom um tanto ou quanto irónico □. Mas isso não me fere. O que me nauseia é a droga dos conselhos e a incompreensão *a sério*. Aquela que, como as ironias que espero, é a sorrir, não me incomoda. Mas a outra não me incomodaria agora. Desde hoje estou só, humanamente abandonado e só, mas couraçado contra as setas da sua inconsciência e contra as lanças da sua afeição incompreendedora.

Quando se tiver dado o facto próximo □ então talvez a Mamã compreenda por que não compreende. Mas isso, que pode aproximar a sua alma da minha, não a fará compreender-me e eu ficarei só eternamente.

1907

♦

Cartas para informação sobre o meu carácter:

1. Chefe de secretaria do liceu (Ensaios) — afirmar-me mentalmente doente.
2. Geerdts[1]. Oxford (Lincoln College) — dando-me como morto.
3. Belcher — dando-me como mentalmente doente.
4. Dr. Haggar — afirmar-me mentalmente doente.

Assinatura *F. Antunes*[2]

[Escrevo-lhe a respeito do] falecido Fernando António Nogueira Pessoa, que se pensa ter cometido suicídio; consta que terá feito explodir uma casa de campo onde se encontrava, tendo morrido ele e várias outras pessoas. Um crime que ao tempo (há vários meses) causou grande sensação em Portugal. Incumbiram-me de investigar a sua condição mental, tanto quanto isso possa ser ainda possível, e, sabendo que o falecido andou consigo na Durban High School, venho pe-

[1] Clifford Geerdts foi concorrente de Pessoa, na Durban High School, para o lugar de «primeiro da classe». Belcher ensinou inglês a Pessoa na High School e o Dr. C.H. Haggar era diretor da Commercial School, frequentada por Pessoa após o seu regresso a Durban, em 1902. Em 21 de setembro de 1907, e em nome de Faustino Antunes, Pessoa enviou a Geerdts não a carta aqui publicada, mas uma outra em que é dado como doente mental. Ver, no Anexo, a resposta de Geerdts a essa carta, e também a resposta de Belcher a uma carta anterior parecida.

[2] Faustino Antunes, pseudopsiquiatra inventado por Pessoa em 1907.

dir-lhe que me escreva dizendo-me, com toda a sinceridade, como era ele considerado entre os seus companheiros de curso na referida instituição. Escreva-me um relato tão pormenorizado quanto possível a esse propósito. Que opinião tinham dele? Do ponto de vista intelectual, social, etc. Parecia ser ou não capaz de cometer um ato como aquele que descrevi?

Devo pedir-lhe que guarde o máximo sigilo sobre este assunto, que é, como compreende, muito delicado e muito triste. Além do mais, poderá ter sido (quanto desejo que possa ter sido!) um acidente, e, nesse caso, crime seria estar a condená-lo precipitadamente. A minha função, precisamente, é determinar, com base numa avaliação da sua condição mental, se a catástrofe foi um crime ou um simples acidente.

Ficaria muito grato se me pudesse responder rapidamente.

Letters for information as to character of myself:

1. Registrar (Essays) — Self as mentally ill.
2. Geerdts. Oxford (Lincoln College) — giving self as dead.
3. Belcher — giving self as mentally ill.
4. Dr. Haggar — self as mentally ill.

Signature *F. Antunes*

[I am writing you about the] late Fernando António Nogueira Pessoa, who is thought to have committed suicide; at least he blew up a country house in which he was, dying he and several other people. A crime which caused great sensation in Portugal at the time (several months ago). I have been requested to inquire, as far as is now possible, into his mental condition and, having heard that the deceased was with you in the Durban High School, must beg you to write me stating frankly how he was considered among the boys at the said institution. Write me as detailed an account as possible on this. What opinion was held of him? Intellectually? Socially? etc. Did he seem or did he not seem capable of such an act as I have described?

I must ask you to keep, as far as possible, silence in this matter; it is, you understand, very delicate and very sad. Besides, it may have been (how I wish it may have been!) an accident, and in that case our hasty condemnation would itself be a crime. It is just my task, by inquiring into his mental condition, to determine whether the catastrophe was a crime or a mere accident.

An early reply will very much oblige.

1907

◆

[CARTA DE FAUSTINO ANTUNES][1]

Trata-se (sem dúvida alguma) de um neurasténico vesânico. A vulgar neurastenia, ou as influências que a produzem, ao deparar com um fundo de degenerescência, transtornou, por assim dizer, uma organização mental caracteristicamente histeriforme, para não dizer histérica. Sobre este diagnóstico, não me restam dúvidas. O que eu gostaria de fazer era a história da doença de P., ou, melhor dizendo, a história □ — gostaria de conhecer a sua psicologia, saber de que maneira, por que canais a neurastenia atual se enraizou neste pobre temperamento hiposténico de nascença.

Ora, faltam-me os dados para essa «história de uma vida» ou «história de uma alma». Conheço, nos limites do possível, a vida mental de P. até 1895 (dezembro), época em que foi (com apenas 7 anos de idade) para Durban. Não é inteiramente normal. Nessa idade, existe já no observado uma espécie de neurastenibilidade bem vincada: aos 7 anos é já — ainda que obscuramente — um peridispético, um □. Mais, aos 7 anos de idade P. revela já esse carácter reservado, não infantil — uma ponderação (não a ponderação de bom senso do típico burguês, mas a ponderação melancólica e intelectual), uma seriedade, que espantam. Já se isola; gosta de brincar sozinho, de ler, de escrever (aprendeu sozinho a fazê-lo). É um solitário — vê-se bem. E a tudo

[1] Escrita em francês, esta carta inacabada pode ter sido destinada a Hardress O'Grady, professor de francês de Pessoa na Durban High School.

isso há que juntar muita raiva impulsiva e quase de ódio (nem sempre proporcional à provocação) e muito medo. O seu carácter pode resumir-se assim: precocidade intelectual, imaginação prematuramente intensa, maldade, medo, necessidade de isolamento. É um neuropata em miniatura.

Provavelmente, terá continuado assim durante algum tempo. Em 1901 (agosto) regressa de Durban. É o mesmo carácter, mas menos impulsivo; o clima (conjeturo eu) e a disciplina escolar tê-lo-ão inibido. Nessa época, apresenta um carácter não especialmente complexo: inteligência viva, uma imaginação grande mas não necessariamente *intensa*, um pouco infantil □, sem medo *acentuado* — isto é, não o demonstrando sem uma clara provocação exterior. É ainda normal, fisiológico. De resto, timidez, ingenuidade, egoísmo algo marcado — mas, no conjunto, normal. Não é ainda o dealbar da puberdade. Tendo vivido numa terra (o Natal) longe da influência corruptora da civilização, ele ainda tem virgindade *mental*; nessa época, conserva mentalmente (segundo creio) uma virgindade de imaginação intata. Não existe, de resto, modo seguro de o investigar.

Ficou em Lisboa de agosto de 1901 a setembro de 1902; é, pois, inevitável que tenha sofrido, por pouco que fosse, a influência da sensualidade urbana e † corruptora. Foi-me, porém, inteiramente impossível encontrar um modo de descobrir □

C'est (sans aucune doute) un neurasthénique vésanique. La neurasthénie vulgaire ou les influences qui la produisent tombant sur un fonds de dégénérescence a, pour ainsi dire, bouleversé une organisation mentale caractéristiquement hystériforme, pour ne pas dire hystérique. Sur ce diagnostique, je ne me trouve pas en doute. Ce que je voudrais faire, c'est l'histoire de la maladie de P., ou, pour mieux dire, l'histoire □ — je voudrais en connaître la psychologie, savoir de quelle manière, par quels conduits la neurasthénie actuelle s'est enracinée dans ce pauvre tempérament nativement hyposthénique.

Or pour cette «histoire d'une vie» ou «histoire d'une âme» les donnés me manquent. Je connais, dans les limites du possible, la vie mentale de P. jusqu'à 1895 (décembre), époque à laquelle il est allé (âgé à peine de 7 ans) à D'Urban. Elle n'est pas absolument normale. À cet âge il y a déjà chez l'observé une espèce de neurasthénabilité marquée: à 7 ans — c'est déjà — quoique obscurément — un péridyspeptique, un □. Plus, à 7 ans P. montre déjà ce caractère réservé, non-infantile — une pondération (non la pondération du bon sens tout à fait bourgeois, mais la pondération mélancolique et intellectuelle), une sériosité, qui étonnent. Il s'isole déjà; il aime à jouer seul, à lire, à écrire (il l'a appris lui-même). C'est un solitaire — on le voit bien. Et à tout cela il faut joindre beaucoup de rage impulsive et presque haineuse (sans provocation pas toujours proportionnelle) et beaucoup de peur. On peut résumer le caractère: précocité intellectuelle, imagination prématurément intense, méchanceté, peur, besoin d'isolement. C'est un neuropathe en miniature.

Probablement il aura ainsi continué pour quelque temps. En 1901 (août) il revient de D'Urban. C'est le même caractère, mais moins impulsif; le climat (je conjecture) et la discipline scolaire l'auraient inhibitionnés. À cette époque il présente un caractère pas trop complexe: intelligence vive, imagination grande mais pas nécessairement *intense*, un peu infantile □, pas de peur *accentuée* — c'est à dire, sans claire provocation extérieure il ne la montre pas. C'est encore normal, physiologique. Du reste, timidité, ingénuité, égoïsme un peu marqué — mais le tout normal. Ce n'est pas encore l'aube de la puberté. Ayant vécu dans un pays (le Natal) loin de l'influence corruptrice de la civilisation, il n'a pas de dépucelage *mental*; à cette époque il garde mentalement (à ce que je crois) une virginité d'imagination parfaite. Il n'y a pas, d'ailleurs, moyen sûr d'investigation.

Il est resté à Lisbonne de Août 1901 jusqu'à Septembre 1902; il faut donc qu'il ait subi tant soit peu l'influence de la sensualité urbaine et † corruptrice. Mais il m'a été entièrement impossible de trouver un moyen quelconque de découvrir □

1907

♦

É NECESSÁRIO dizer agora que tipo de homem sou. O meu nome não importa, nem qualquer pormenor de natureza externa que me diga respeito. É acerca do meu carácter que alguma coisa deve ser dita.

Todo o meu espírito é constituído por hesitação e dúvida. Nada é ou pode ser positivo para mim; todas as coisas oscilam em meu redor, e eu com elas, em incerteza comigo mesmo. Tudo é para mim incoerência e mudança. Tudo é mistério e tudo tem um significado. Todas as coisas são símbolos «desconhecidos» do Desconhecido. O que daí resulta é horror, mistério, um medo demasiado inteligente.

Devido às minhas tendências naturais, ao ambiente que rodeou a minha infância, à influência de estudos realizados sob o impulso destas mesmas tendências, por tudo isso o meu carácter é do tipo interior, egocêntrico, calado, não autossuficiente mas perdido em si mesmo por culpa própria. Toda a minha vida tem estado ligada à passividade e ao sonho. Todo o meu carácter consiste na aversão, no horror, na incapacidade, que impregnam tudo o que sou, física e mentalmente, de atos decisivos, de pensamentos definidos. Nunca tomei uma resolução oriunda do autodomínio, nunca mostrei sinais exteriores de uma vontade consciente. Nenhum dos meus escritos foi concluído; sempre se interpuseram novos pensamentos, associações de ideias extraordinárias, impossíveis de excluir, tendo o infinito como limite. Não consigo evitar a aversão que o meu pensamento tem pelo ato de acabar seja o que for. Uma única coisa suscita dez mil pensamentos, e desses dez mil pensamentos surgem dez mil interassociações, e não existe em mim força de vontade para os eliminar ou deter, nem para os reunir num único pensamento central, onde os seus pormenores de importância secundária, mas que dele fazem parte, pudessem diluir-se. Passam em mim; não são pensamentos meus, mas pensamentos que passam em mim. Não reflito, sonho; não sinto inspiração, deliro. Sei pintar, mas nunca pinto; sou capaz de compor música, mas nunca compus. Estranhas conceções nas três artes, encantadores voos de imaginação acariciam-me o cérebro; mas deixo-os ali a dormitar até morrerem, pois não tenho o poder de lhes dar corpo, para transformá-los em coisas do mundo exterior.

O meu carácter é tal que detesto o princípio e o fim das coisas, por serem pontos definidos. A ideia de poder ser encontrada uma solução para os problemas mais elevados e mais nobres da ciência, da filosofia, aflige-me; e seja o que for que possa ser determinado em relação a Deus ou ao mundo horroriza-me. Só imaginar que um dia as coisas mais importantes venham a realizar-se, que todos os homens venham a ser felizes, que seja descoberta uma solução para os males da sociedade, enlouquece-me. Contudo, não sou maldoso nem cruel; sou louco, por muito difícil que seja concebê-lo.

Embora tenha sido um leitor voraz e apaixonado, não me recordo de nenhum livro que tenha lido, a tal ponto as minhas leituras eram estados da minha própria alma, de sonhos meus, ou melhor, desencadeadoras de sonhos. Até a minha recordação de acontecimentos e coisas externas é, mais do que incoerente, vaga. Estremeço ao pensar no pouco que retive na alma da minha vida passada. Eu, o homem que sustenta que o dia de hoje é um sonho, estou muito longe de pertencer ao dia de hoje.

It is necessary now that I should tell what manner of man I am. My name, it matters not, nor any other outward detail particular to me. Of my character aught must be said.

The whole constitution of my spirit is one of hesitancy and of doubt. Nothing is or can be positive to me; all things oscillate round me, and I with them, an uncertainty unto myself. All for me is incoherence and change. All is mystery and all is meaning. All things are "unknowns" symbolic of the Unknown. Consequently horror, mystery, over-intelligent fear.

By my own natural tendencies, by the surroundings of my earliest life, by the influence of studies undertaken under the impulse of these very tendencies, by all this I am of the internal species of character, self-centred, mute, not self-sufficing but self-lost. All my life has been one of passiveness and of dream. All my character consists in the hatred, in the horror of, in the incapacity, pervading all that is me, physically and mentally, for decisive acts, for definite thoughts. I had never a resolution born of a self-command, never an external betraying of a conscious will. My writings were none of them finished; new thoughts intruded ever, extraordinary, inexcludable associations of ideas bearing infinity for term. I cannot prevent my thought's hatred of finish[ing]; about a single thing ten thousand thoughts, and ten thousand inter-associations of those ten thousand thoughts arise, and I have no will to eliminate or to arrest them, nor to gather them into one central thought, where their unimportant but associated details might be lost. They pass in me; they are not my thoughts, but thoughts that pass in me. I do not ponder, I dream; I am not inspired, I rave. I can paint, but I have never painted; I can compose music, but I have never composed. Strange conceptions in three arts, lovely strokes of imagining caress my brain; but I let them slumber there till they die, for I have not power to give them their body, to make them things of the world outside.

My character of mind is such that I hate the beginnings and the ends of things, for they are definite points. The idea of a solution being found for problems the highest, the noblest, of science, of philosophy, afflicts me; that aught might be determined of God or of the world horrorizes me. That things of most moment should be accomplished, that men should one day all be happy, that a solution might be found to the ills of society, even in its conception drives me mad. Yet I am not evil nor cruel; I am mad and that as it is difficult to conceive.

Though I have been a reader voracious and ardent, yet I remember no book that I have read, so far were my reading states of my own mind, dreams of my own, nay, provocations of dreams. My very memory of events, of external things is vague, more than incoherent. I shudder to think how little I have in mind of what my past life has been. I, the man who holds that today is a dream, am less than a thing of today.

1907

♦

O cínico não passa de um pessimista jovial. Punhamo-lo de lado.

Como foi divertido o jantar de ontem! Como estavam felizes as tias e os tios, os primos e as primas, como estavam todos tão contentes. O clima era de cordialidade, convivência e calor humano. Pobre Frei Maurice[1], estavas presente, mas para ti tudo era frio, frio, frio. Pobre Frei Maurice. O Frei Maurice é doido. Não riam do Frei Maurice.

Não rias de ninguém, não exponhas ninguém ao ridículo, nem no mais íntimo do teu ser. A vida humana é demasiadamente séria e triste para nos rirmos dos outros.

[1] Heterónimo definido como «a mystic without God, a Christian without a creed» («um místico sem Deus, um cristão sem credo») e responsável por *The Book of Friar Maurice*, que trataria de questões religiosas e éticas.

Ri com as crianças das coisas simples que as fazem felizes, mas não rias de mais nada.

Tenho pensamentos que, se pudesse dar-lhes corpo e fazê-los viver □, acrescentariam um novo brilho às estrelas, uma nova beleza ao mundo e mais amor ao coração dos homens.

The cynic is only a pessimist that is merry. No more of him.

How gay was the dinner yesterday! How Aunts and Uncles and cousins male and female were joyous, how all was merry. All was wit, charm, warmth. Poor Friar Maurice, thou wert present, and thou wert cold, cold, cold. Poor Friar Maurice. Friar Maurice is mad. Do not laugh at Friar Maurice.

Laugh at no one, make no one ridiculous, not even in thy inmost heart. Human life is too serious and too sad a thing for laughter.

Laugh with children at the simple things that make them merry. But laugh at nothing more.

I have thoughts which, if I could body them forth and make them living □, would add a new brightness to the stars, a new beauty to the world and a greater love to the heart of man.

1907

♦

FREI MAURICE

Porque sou tão infeliz? Porque sou o que não devo ser. Porque metade de mim não está em ligação com a outra metade, a conquista de uma é a derrota da outra, e, havendo derrota, há sofrimento — um sofrimento que nunca deixa de ser meu.

Metade de mim é nobre e grandiosa, e metade de mim é baixa e vil. Eu sou ambas. Quando a parte de mim que é grandiosa triunfa, sofro porque a outra metade — que também é verdadeiramente eu, e não fui capaz de anular em mim — dói devido a isso. Quando a parte mais baixa de mim triunfa, é a vez de a parte nobre sofrer e chorar.

Lágrimas ignóbeis ou lágrimas nobres — tudo são lágrimas.

Quando ouço dizer que os vícios, a luxúria e as perversões sexuais estão a aumentar, encho-me de uma dor inexprimível, de uma raiva profunda. Porquê tal raiva? Porque nem *todo* o meu eu se revolta, apenas uma parte — em verdade a mais grandiosa, em verdade a mais nobre. Mas metade de mim, ainda que oculta no meu íntimo, exulta. É essa a causa de sentir tão grande raiva — a raiva da guerra e da guerra civil numa só. Magoa-me não ser totalmente bom.

Mortifica-me constantemente um amor profundo e imperecível pela humanidade, um profundo desejo de praticar o bem, defender os mais fracos, fazer coisas prodigiosas.

Muitas vezes, sentindo-me com tão pouca força de vontade, e tão hesitante de propósitos, digo a mim mesmo: abandonarei todas as ideias de altruísmo. Talvez não venha a gozar a vida, mas ao menos não me preocuparei com nada, abandonarei tudo.

Mas não consigo, felizmente não consigo.

Existe mais bem do que mal em mim.

São estes os meus pensamentos? Que ações levarei a cabo no futuro? Horror! Horror! Horror! Assola-me esta dúvida.

Sei que nunca hei de corromper pela luxúria e pelo vício o talento que possa ter. Sei também que nunca defenderei alguma coisa que seja falsa. Mas serão os atos da minha vida, os mais privados e próximos, bons e puros? O que me reservará o futuro — a partir de que *derrota* e de que *triunfo* virei a ser *eu*?

FRIAR MAURICE

Why am I so unhappy? Because I am what I must not be. Because half of me is not brother to the other half, and the conquest of one is the defeat of the other, and if the defeat the suffering — my suffering in either case.

Half of me is noble and great, and half of me is little and vile. Both of them are me. When the part of me that is great triumphs, I suffer because the other half — which is also truly myself, which I have been unable to render not-myself — aches thereat. When the base part of me triumphs, the noble half suffers and sorrows.

Ignoble tears or noble tears — all of them are tears.

When I hear of the growth of vice, of lust, of sexual evilness, I am filled with an inexpressible ache, with a deep rage. Why with such a rage? Because not *all* me is in revolt, but part — the greater, truly, the nobler, truly. But half of me, though hidden in me, exults. My rage is therefore so great — the rage of war and of civil war together. I ache that I should not all be good.

I am ever consumed by a deep, inextinguishable love of mankind, by a profound desire to do good, to defend the weak, to work wonders.

Often I, feeling so weak in will, so wavering in purpose, say: I will leave all ideas of altruism: I will, perhaps not enjoy life, but at least care for nothing, leave all.

But I cannot, fortunately, I cannot.

There is in me more good than there is bad.

These are my thoughts? What will my actions in the future be? Horror! Horror! Horror! The doubt of it.

I know I shall never prostitute with lust or vice what talent I have. I know I shall never defend false things. But will the acts of my life, those private, near to me be good and pure? What does the future hold — the future of what *loss*, of what *win* is *me*?

1907

◆

Estou cansado de confiar em mim próprio, de me lamentar, da autopiedade que me leva às lágrimas. Acabei de ter uma discussão acesa com a Tia Rita[1] por causa de F. Coelho[2]. No final, senti novamente um daqueles sintomas que estão a tornar-se em mim cada vez mais nítidos e horríveis: uma vertigem moral. Na vertigem física o mundo exterior rodopia à nossa volta; na vertigem moral, o que rodopia é o mundo interior. Pareceu-me perder, por momentos, o sentido da verdadeira relação entre as coisas, perder a compreensão, cair num abismo de dormência mental. É uma sensação pavorosa, que vem sempre acompanhada de um medo desmesurado. Estes episódios estão a tornar-se comuns, parecendo abrir-me o caminho para uma nova vida mental, que será, evidentemente, a loucura.

Na minha família não há compreensão da minha condição mental — não, absolutamente nenhuma. Riem-se de

[1] Pessoa, depois de a sua família acabar as suas férias e regressar a Durban em 25-4-1907, passou a viver na Rua da Bela Vista, 19, 1.º, com as tias-avós Maria e Rita e com a sua avó paterna, Dona Dionísia.

[2] Luís Furtado Coelho, professor de ginástica respiratória a quem Pessoa se referiria, 26 anos mais tarde (no artigo «O Que um Milionário Americano Fez em Portugal» em *Fama*, 10 de março de 1933), nestes termos: «Quando, em 1907, o Prof. Egas Moniz me passou, para fins ginásticos, para as mãos de Luís Furtado Coelho, para ser cadáver só me faltava morrer. Em menos de três meses, e a três lições por semana, pôs-me Furtado Coelho em tal estado de transformação que, diga-se com modéstia, ainda hoje existo — com que vantagens para a civilização europeia, não me compete a mim dizer.» Pessoa tencionava publicar em 1909, na editora Íbis, um livro de Furtado Coelho sobre ginástica.

mim, fazem troça de mim, não me levam a sério; dizem que pretendo ser alguém extraordinário. Não se dedicam à análise do *desejo de ser* extraordinário. Não podem compreender que entre ser e desejar ser extraordinário a diferença está apenas em ter consciência desse desejo. É o mesmo que me acontecia quando brincava com soldadinhos de chumbo aos sete e aos catorze anos de idade; no primeiro caso eram coisas, no segundo, eram coisas e brinquedos ao mesmo tempo; ainda assim, o impulso para brincar com eles persistia, e esse era o estado psíquico real, fundamental.

Não tenho ninguém em quem confiar. A minha família não entende nada. E também não devo incomodar os meus amigos com estas coisas; não tenho amigos a que possa chamar íntimos, e mesmo que houvesse um mais íntimo, tal como é geralmente considerado, mesmo assim não seria íntimo no sentido em que eu entendo a intimidade. Sou tímido e não gosto de dar a conhecer as minhas angústias. Um amigo íntimo é um dos meus ideais, um dos meus sonhos, mas um amigo íntimo é algo que nunca terei. Nenhum temperamento se adapta ao meu; não há um só carácter neste mundo que dê o mais leve indício de se aproximar do que eu idealizo num amigo íntimo. Basta de falar nisto.

Amante ou namorada não tenho; é outro dos meus ideais e um ideal bem cheio, até ao âmago, de uma total não-existência. Nunca será como eu o sonho. Ai de mim! Pobre Alastor! Shelley, como te compreendo! Poderei confiar na minha Mãe? Muito gostava de a ter aqui comigo.

Também não lhe posso confiar o que sinto, mas a sua presença mitigaria grande parte da minha dor. Sinto-me tão sozinho como um navio naufragado no mar. E um náufrago é, de facto, o que eu sou. Sendo assim, confio em mim mesmo. Em mim mesmo? Que confiança há nestas linhas? Nenhuma. Quando volto a lê-las, dói-me a alma ao aperceber-me de como são pretensiosas, de como são típicas de um diário literário! Em algumas cheguei mesmo a fazer estilo. O que não faz com que sofra menos. Um homem tanto pode sofrer vestido de seda como coberto com um saco ou um cobertor roto.

Basta.

I am tired of confiding in myself, of lamenting over myself, of pitying mine own self with tears. I have just had a kind of scene with Tia Rita over F. Coelho. At the end of it I felt again one of those symptoms which grow clearer and ever more horrible in me: a moral vertigo. In physical vertigo there is a whirling of the external world about us; in moral vertigo of the interior world. I seemed for a moment to lose the sense of the true relations of things, to lose comprehension, to fall into an abyss of mental abeyance. It is a horrible sensation, one to strike with inordinate fear. These feelings are becoming common, they seem to pave my way to a new mental life, which shall of course be madness.

In my family there is no comprehension of my mental state — no, none. They laugh at me, sneer at me, disbelieve me; they say I wish to be extraordinary. They neglect to analyse the *wish to be* extraordinary. They cannot comprehend that between being and wishing to be extraordinary there is but the difference of consciousness being added to the second. It is the same case as that of myself playing with tin soldiers at seven and at fourteen years; in one they were things, in the other things and playthings at the same time; yet the impulse to play with them remained, and that was the real, fundamental psychical state.

I have no one in whom to confide. My family understands nothing. My friends I cannot trouble with these things; I have no really intimate friends, and even were there one intimate, in world's ways, yet he were not intimate in the way I understand intimacy. I am shy and unwilling to make known my woes. An intimate friend is one of my ideal things, one of my daydreams, yet an intimate friend is a thing I never shall have. No temperament fits me; there is no character in this world which shows a chance of approaching to that I dream in an intimate friend. No more of this.

Mistress or sweetheart I have none; it is another of my ideals and one fraught, unto the soul of it, with a real nothingness. It cannot be as I dream. Alas! poor Alastor! Shelley, how I understand thee! Can I confide in Mother? Would that I had her here. I cannot confide to her also, but her presence would abate much of my pain. I feel as lonely as a wreck in sea. And I am a wreck indeed. So I confide in myself. In myself? What confidence is there in these lines? There is none. As I read them over I ache in mind to perceive how pretentious, how literary-diary-like they are! In some I have even made style. Yet I suffer none the less. A man may suffer as much in a suit of silks as in a sack or in a torn blanket.

No more.

25-7-1907

♦

Pacto para a vida, de Alexander Search

Pacto firmado entre Alexander Search, residente no Inferno, lugar de Nenhures, com Jacob Satanás, Senhor, embora não Rei, do mesmo lugar:

1. Nunca desfalecer nem recuar na intenção de fazer bem à humanidade.
2. Nunca escrever nada de natureza sensual, ou perversa de outro modo, que possa lesar e prejudicar quem ler.
3. Nunca esquecer, ao atacar a religião em nome da verdade, que a religião dificilmente pode ser substituída e que há sempre desafortunados a chorar nas trevas.

4. Nunca esquecer o sofrimento e a desgraça dos homens.

† Satanás　　　　　　　　　2 de outubro de 1907
a sua marca　　　　　　　　　Alexander Search

Alexander Search's life-bond

Bond entered into by Alexander Search, of Hell, Nowhere, with Jacob Satan, Master, though not King, of the same place:

1. Never to fall off or shrink from the purpose of doing good to mankind.
2. Never to write things, sensual or otherwise evil, which may be to the detriment and harm of those that read.
3. Never to forget, when attacking religion in the name of truth, that religion can ill be substituted and that poor man is weeping in the dark.
4. Never to forget men's suffering and men's ill.

† Satan　　　　　　　　　October 2nd, 1907
his mark　　　　　　　　　Alexander Search

♦

HÁ MOMENTOS em que os meus pensamentos são de tal natureza que me sinto a ficar louco. Têm uma profundidade cujo significado não conheço, nem tenho coragem para procurar saber. Enlouqueço só de pensar neles. Aterroriza-me considerar a mera hipótese de os analisar. Tal é a sua natureza. Uma vertigem intelectual...

MY THOUGHTS are at some moments of such a kind that I feel myself going mad. What their deepness means I know not, nor have courage to attempt to know. I grow mad as I think of them. I am afraid to consider the very possibility of analysing them. Of such a kind are they. Intellectual vertigo...

novembro de 1907

◆

O MEU PRIMEIRO ato de revolta genuína em relação ao estabelecido, ao normal, foi no primeiro dia de 1908.

Nesse dia, eu e as minhas duas tias tínhamos sido convidados pelo meu primo A[niceto] M[ascaró] para jantar na sua casa na Rua Alecrim, que fica na Baixa, perto do rio. A.M. não era propriamente meu primo, mas estava casado com a minha prima Laurinda[1], filha de uma tia da minha mãe e irmã

[1] Laurinda Xavier Pinheiro Neves, filha da tia-avó Adelaide (irmã mais nova das tias Rita e Maria), casou-se com um espanhol, Aniceto Mascaró, com quem viveu na Rua do Alecrim durante muitos anos.

destas duas tias que viviam comigo. Da minha prima Laurinda gostava mais ou menos o mesmo que de todos os membros da minha família, como, de resto, gosto das pessoas em geral — bastante. Nunca tivera em relação a ela, ou ao marido, A.M., que era afável e de quem, na verdade, gostava muito, a repugnância ou aversão momentânea que frequentemente tomava conta de mim perante manifestações de grande vivacidade. Não consigo, por isso, compreender muito bem o que podia ter-me dissuadido de ir a esse jantar. Suponho, e penso estar dentro da razão, que o facto de estarem ali reunidas muitas pessoas da família, combinado com a minha cada vez maior aversão pela sociedade, foi o que me levou à minha primeira manifestação aberta de revolta. Optando por resolver a questão da forma mais simples, andei durante alguns dias a fingir que estava doente, a sentir-me doente, a fazer fita, como se costuma dizer, embora também fosse verdade que estava mesmo um pouco doente, mas como isso já era habitual, pois estava quase sempre com uma dor de cabeça ou outra dor qualquer, de tal forma que já não constituía entrave para mim. No dia anterior, o último do ano, não fui ao escritório; estava um dia frio e pareceu-me que anunciava trovoadas; o medo e o sofrimento que sempre me causam retiveram-me em casa. Ao fim do dia saí, e acabei por ter mesmo uma dor de cabeça de proporções razoáveis. Na manhã do dia 1 de janeiro já tinha passado, ou quase, e eu sentia, para todos os efeitos, que tinha voltado ao normal.

Comecei a fingir estar muito doente e a apetecer-me ficar em casa.

My first act of genuine revolt from the established, from the normal was on the first day of 1908.

That day I and my two aunts had been invited by my cousin A[niceto] M[ascaró] to dine at his house at the Rua Alecrim, which is in the City, near to the river. A. M. was not, properly speaking, my cousin, he was married to my cousin Laurinda, daughter of an aunt of my mother's, sister to these two aunts who lived with me. My cousin Laurinda I liked about as much as I liked all the members of my family, as I like all people generally — well. I had not ever neither regarding her, nor her husband A. M., who was amiable and whom I liked very much indeed, that passing disgust or distaste which often came to me in the presence of manifestations of animal spirits. Therefore I cannot conceive very well what there was to dissuade me from going to that dinner. I fancy, and I think I am right, that it was the fact that many people — family — were to be there united, but most powerfully, with my growing distaste for society that led me to my first open showing of revolt. Wishing to get over the matter easily I had since a few days before been pretending to be ill, feeling ill, malingering, as it is said, only that I really was a little ill, but as I was always so, always had, more or less, a headache or any other ache, that was for me no impediment. On the day before, the last of the year, I did not go to the office; it was a cold day and seemed to me to be presaging thunderstorms; my fear of them and suffering of them at every moment kept me at home. In the evening I went out but then I had in truth a headache of reasonable proportions. On the morning of the 1st of January it had passed or almost so, and I was to all intents and purposes normal.

I began to pretend to be very ill and desiring to stay at home.

janeiro de 1908

◆

ALEXANDER SEARCH

Nunca existiu alma mais afetuosa ou terna do que a minha, alma mais repleta de bondade, de compaixão, de tudo o que é ternura e amor. Porém, nenhuma alma é tão solitária como a minha — solitária, diga-se, não devido a circunstâncias exteriores, mas a circunstâncias interiores. O que eu quero dizer é o seguinte: a par da minha grande ternura e bondade, faz parte do meu carácter um elemento de natureza inteiramente oposta, um elemento de tristeza, de egocentrismo e, em consequência disso, de egoísmo, que tem um efeito duplo: deformar e estorvar o desenvolvimento e a plena realização *interna* das outras qualidades, e impedir, afetando terrivelmente a vontade, a sua plena realização *externa*, a sua expressão. Um dia hei de analisar isto, um dia hei de examinar melhor, identificar os elementos que constituem o meu carácter, pois a curiosidade por todas as coisas, aliada à curiosidade por mim próprio e pelo meu carácter, não pode senão levar à tentativa para compreender a minha personalidade.

Foi devido a estas características que escrevi, descrevendo-me, em «Winter Day»:

> Alguém como Rousseau...
> Um misantrópico amante da humanidade.

Tenho, de facto, muitas afinidades com Rousseau, bastantes mesmo. Em certas coisas os nossos carácteres chegam a ser idênticos. Um amor pela humanidade caloroso, intenso e inexprimível com um pouco de egoísmo a compensar — eis uma característica fundamental do seu carácter e também do meu.

O meu intenso sofrimento patriótico, o meu intenso desejo de melhorar a situação de Portugal suscitam em mim — como exprimir com que ardor, com que intensidade, com que sinceridade! — mil projetos que, mesmo se realizáveis por um só homem, exigiriam dele uma característica que em mim é puramente negativa: força de vontade. Mas sofro — até me abeirar da própria loucura, juro-o — como se tudo eu *pudesse* fazer e não conseguisse fazê-lo por insuficiência da vontade. É um sofrimento horrível. Mantém-me constantemente, posso dizê-lo, à beira da loucura.

E também incompreendido. Ninguém suspeita do meu amor patriótico, mais intenso do que o de toda a gente que encontro, de toda a gente que conheço. Não o deixo transparecer; como sei então que essas pessoas não o têm? Como posso afirmar que o seu caso não é igual ao meu? Porque em alguns casos, na maioria deles, o seu temperamento é inteiramente diferente; porque, nos outros casos, a forma como falam revela a inexistência, pelo menos, de um patriotismo entusiástico. O ardor, a intensidade — terna, revoltada e calorosa — do meu nunca os exprimirei, para que não descreiam de mim, se alguma vez os exprimisse.

Além dos meus projetos patrióticos — escrever «Portuguese Regicide» (O Regicídio Português) para provocar aqui uma revolução, escrever opúsculos portugueses, editar obras literárias nacionais mais antigas, fundar uma revista, uma publicação científica, etc. — outros planos que me consomem com a necessidade de terem de ser postos em prática em breve — projetos de Jean Seul[1], crítica a Binet-Sanglé[2], etc. — conjugam-se para produzir um impulso excessivo que me paralisa a vontade. Não sei se o sofrimento que isto produz poderá ser descrito como estando deste lado da loucura.

[1] Heterónimo francês, cujos projetos incluíam três ensaios morais e satíricos: «Des Cas d'exhibitionnisme», «La France en 1950» e «Messieurs les souteneurs».

[2] Charles Binet-Sanglé sustentou, no seu livro *La Folie de Jésus*, que as «alucinações» de Jesus, consideradas de um ponto de vista psicológico, provam que sofreu de «paranoia religiosa». Pessoa escreveu vários trechos destinados a um ensaio sobre esta tese, «The Mental Disorder of Jesus», atribuído a Alexander Search.

A tudo isto acrescentem-se ainda outras razões de sofrimento, umas físicas, outras mentais, a suscetibilidade à mais pequena coisa que possa causar dor (ou mesmo a outras que não causariam dor a um homem normal) e acrescentem-se também outras coisas, como complicações várias e dificuldades monetárias — junte-se a tudo isso o meu temperamento na essência desequilibrado e talvez seja possível *ter uma ideia* de quanto sofro.

Um dos meus problemas mentais — tão horrível que não há palavras que o descrevam — é o medo da loucura, o que, em si mesmo, já é loucura. Em parte encontro-me naquele estado que Rollinat diz ser o seu no poema inicial (ao que julgo) das suas *Névroses*. Impulsos, criminosos uns, demenciais outros — que levam, no meio de toda a minha agonia, a uma tendência horrível para a ação, uma *musculosidade* penosa, quer dizer, sentida nos músculos — são comuns em mim e o seu horror e intensidade, agora cada vez mais presentes tanto em número como em grau de intensidade — não se conseguem descrever.

ALEXANDER SEARCH

No soul more loving or tender than mine has ever existed, no soul so full of kindness, of pity, of all the things of tenderness and of love. Yet no soul is so lonely as mine — not lonely, be it noted, from exterior, but from interior circumstances. I mean this: together with my great tenderness and kindness an element of an entirely opposite kind enters into my character, an element of sadness, of self-centredness, of selfishness therefore, whose effect is two-fold: to warp and hinder the development and full *internal* play of those other qualities, and to hinder, by affecting the will depressingly, their full *external* play, their manifestation. One [day] I shall analyse this, one day I shall examine better, discriminate, the elements of my character, for my curiosity about all things, linked to my curiosity for myself and for my own character, leads to one attempt to understand my personality.

It was on account of these characteristics that I wrote, describing myself, in "Winter Day":

> One like Rousseau...
> A misanthropic lover of mankind.

I have, as a matter of fact, many, too many, affinities with Rousseau. In certain things our characters are identical. The warm, intense, inexpressible love of mankind, and the portion of selfishness balancing it — this is a fundamental characteristic of his character and, as well, of mine.

My intense patriotic suffering, my intense desire of bettering the condition of Portugal provoke in me — how to express with what warmth, with what intensity, with what sincerity! — a thousand plans which, even if one man could realise them, he had to have one characteristic which in me is purely negative — the power of will. But I suffer — on the very brink of madness, I swear it — as if I *could* do all and was unable to do it, by deficiency of will. The suffering is horrible. It holds me constantly, I say, on the brink of madness.

And then ununderstood. No one suspects my patriotic love, intenser than that of everyone I meet, of everyone I know. I do not betray it; how do I then know they have it not? how can I tell their case is not such as mine? Because in some cases, in most, their temperament is entirely different; because, in the other cases they speak in a way which reveals the non-existence at least of a warm patriotism. The warmth, the intensity — tender, revolted and eager — of mine I shall never express, so as not to be believed, if [I] ever express at all.

Besides my patriotic projects — writing of «Portuguese Regicide» to provoke a revolution here, writing of Portuguese pamphlets, editing of older national literary works, creation of a magazine, of a scientific review etc. — other plans consuming me with the necessity of being soon carried out — Jean Seul projects, critique of Binet-Sanglé, etc. — combine to produce an excess of impulse that paralyses my will. The suffering that this produces I know not if it can be described as on this side of insanity.

Add to all this other reasons still for suffering, some physical, others mental, the susceptibility to every small thing that can cause pain (or even that to a normal man could not cause pain), add this to other things still, complications, money difficulties — join this all to my fundamentally unbalanced temperament, and you may be able to *suspect* what my suffering is.

One of my mental complications — horrible beyond words — is a fear of insanity, which itself is insanity. I am partly in that state betrayed as his by Rollinat in the opening poem (I think) of his *Névroses*. Impulses criminal some, insane others, reaching, amid my agony, a horrible tendency to action, a terrible *muscularity*, felt in the muscles, I mean — these are common with me and the horror of them and of their intensity — greater than ever now both in number and in intensity — cannot be described.

30-8-1908

♦

Deus me dê forças para fazer a síntese da psicologia da nação portuguesa, e compreender toda a sua história psicológica!

Todos os dias os jornais me trazem notícias de factos que são humilhantes, □ para nós, portugueses. Ninguém pode imaginar como sofro com elas. Ninguém pode imaginar o desespero profundo, a dor imensa que se apodera de mim perante isto. Ah, como sonho com aquele Marquês de Távora[1] que seria o indicado para redimir a nação — um salvador, um homem a sério, ousado e de envergadura, que poria o país na ordem. Mas nenhum sofrimento iguala o que sinto quando sou forçado a reconhecer que isso não passa de um sonho.

Nem nos momentos egoístas, nem nos momentos altruístas me sinto feliz. O meu consolo é ler Antero de Quental. Estamos, no fundo, irmanados em espírito. Ah, como compreendo o sofrimento profundo que ele sentia.

Tenho de escrever o meu livro. Receio a verdade que ele me possa trazer. Ainda que seja má, tenho de a escrever. Deus queira que essa verdade não seja má!

Gostaria de ter escrito isto num estilo melhor, mas a minha capacidade de escrever foi-se.

God give me strength to draw, to understand, the whole synthesis of the psychology and psychological history of the Portuguese nation!

[1] O terceiro Marquês de Távora (Francisco de Assis, 1703-1759), vice-rei da Índia entre 1750 e 1754, tornou-se um dos principais chefes da oposição ao governo do Marquês de Pombal quando regressou a Lisboa. Em 1758, ele e outros membros da sua família foram falsamente acusados de um atentado contra D. José I, sendo brutalmente supliciados em janeiro de 1759.

Every day the papers bring me news of facts that are humiliating, □ to us, the Portuguese. No one can conceive how I suffer with them. No one can imagine the deep despair, the mighty pain that seizes me at this. Oh, how I dream of that Marquis of Távora who should come and redeem the nation — a saviour, a true man, great and bold that would put us right. But no suffering can equal that when I bring myself to understand that this is no more than a dream.

I am never happy, neither in my selfish, nor in my unselfish moments. My solace is reading Antero de Quental. We are, after all, brother-spirits. Oh, how I understand that deep suffering that was his.

I must write my book. I dread what the truth may be. Yet be it bad, I have to write it. God grant the truth be not bad!

I should like to have written this in better style, but my power of writing is gone.

5-9-1908

♦

Tomara poder desempenhar-me, sem hesitações nem ansiedades, deste mandato subjetivo cuja execução ou demorada ou imperfeita me tortura e dormir descansadamente, fosse onde fosse, plátano ou cedro que me cobrisse, largando na alma como uma parcela do mundo, entre uma saudade e uma aspiração, a consciência de um dever cumprido.

Mas dia a dia o que vejo em torno meu me aponta novos deveres, novas responsabilidades da minha inteligência para com o meu senso moral. Hora a hora a □ que dita as sátiras surge colérica em mim. Hora a hora a expressão me falha. Hora a hora a vontade fraqueja. Hora a hora sinto avançar sobre mim o tempo. Hora a hora me conheço, mãos inertes e olhos amargurados, levando para a terra fria uma alma que não soube cantar, um coração já apodrecido, morto já e na estagnação da aspiração indefinida, inutilizada.

Nem choro. Como chorar? Eu desejaria poder desejar trabalhar, febrilmente trabalhar para que esta pátria que vós não conheceis fosse grande como o sentimento que eu sinto quando nela penso. Nada faço. Nem a mim mesmo ouso dizer: amo a pátria, amo a humanidade. Parece um cinismo supremo. Para comigo mesmo tenho um pudor em dizê-lo. Só aqui lho registo, sobre papel, acanhadamente ainda assim, para que nalguma parte fique escrito. Sim, fique aqui escrito que amo a pátria fundo, □ doloridamente.

Seja dito assim secamente, para que fique dito. Nada mais.

Acabemos aqui. As cousas que se amam, os sentimentos que as afagam guardam-se com a chave daquilo a que chamamos «pudor» no cofre do coração. A eloquência profana-

-as. A arte, revelando-as, torna-as pequenas e vis. O próprio olhar não as deve revelar.

Sabeis decerto que o maior amor não é aquele que a palavra suave puramente exprime. Não é aquele que o olhar diz, nem aquele que a mão comunica tocando levemente noutra mão. É aquele que quando dois seres estão juntos, não se olhando nem tocando, os envolve como uma nuvem, que lhes □

Esse amor não se deve dizer nem revelar. Não se pode falar dele.

♦

Navegadores antigos tinham uma frase gloriosa: Navegar é preciso; viver não é preciso. Serve para mim o espírito desta frase, transformada a forma para se casar com o que eu sou. Viver não é necessário; o que é necessário é criar.

Não conto gozar a minha vida; nem em gozá-la penso. Só quero torná-la grande, ainda que para isso tenha de ser o meu corpo e a □ a lenha desse fogo.

Só quero torná-la de toda a humanidade; ainda que para isso tenha de a perder como minha.

Cada vez mais assim penso. Cada vez mais ponho na essência anímica do meu sangue o propósito impessoal de engrandecer a pátria e contribuir para a evolução da humanidade.

É a forma que em mim toma o misticismo □ da nossa Raça.

◆

Sou a sombra de mim mesmo, à procura daquilo de que é sombra.

Paro às vezes à beira de mim próprio e pergunto-me se sou um doido ou um mistério muito misterioso.

1912

◆

[DIÁRIO DE 1913]

15/2/1913 (SÁBADO)

Das 12½ às 14¾ em casa do Ponce de Leão[1]. Falamos principalmente do Sá-Carneiro. Leu-me e deu-me a ler concisas e dolorosas cartas dele. Falou da peça dele (Ponce) — *A Venda* — que está escrevendo. Afirmou discordar da Renascença [Portuguesa][2]. Que o Sá-Carneiro gostava imenso de mim,

[1] António Ponce de Leão (1891-1918) era crítico teatral e dramaturgo. Colaborou com Mário de Sá-Carneiro, amigo de liceu, na escrita de *Alma*, peça em um ato.

[2] Associação portuense formada em 1912 e estreitamente ligada à revista *A Águia*, surgida dois anos antes. A Renascença Portuguesa fundou universidades populares, editou livros e organizou concertos e exposições.

«também quem é que não gosta de você?». Um raio de sol. — Segui para o escritório do Mayer[1], dali para obter a certidão de casamento do Mário[2], no 3.º bairro. — Fui duas vezes ao escritório do Lavado[3]; não estava de ambas. Nada fiz lá. — Acabei a carta ao Sá-Carneiro datada de 8 e a, da mesma data, para a Mamã, extensa e amarga, de que há a tirar uma cópia. — Ao Sá-Carneiro mandei dois poemas, o «Braço sem Corpo...» e «A Voz de Deus». — Fui ao consultório do Jayme[4]. Impossível a letra com fiador como eu sugeria na minha carta. Falámos sobre o caso M[ário] F[reitas] e concordámos sobre a ausência de senso moral patente em todos tocados por ele. O J[ayme] deu-me esta Agenda. — À noite na Brasileira com Corado[5] e João Correia de Oliveira[6], que apresentei um ao outro. Conversa interessante. Mesmo na Brasileira li depois com Corado a *Comédie de celui qui épousa une femme muette* de Anatole France. Nada, mas interessante. Cheguei a casa pelas 2 horas, tendo acompanhado o Corado à casa dele. Na cama quase que não li. Folheei, sem ler, o

[1] A firma Lima Mayer & Perfeito de Magalhães, na Rua da Betesga, 75-3.º. Pessoa aproveitou papel timbrado desta firma para numerosos escritos literários.

[2] Mário Nogueira de Freitas, primo direito de Pessoa, casou-se em fevereiro de 1913 com Helena Soares da Costa.

[3] Houve dois escritórios, de dois irmãos: Lavado, Pinto & C.ª, na Rua da Prata, 267-1.º, e Martins Lavado, situado na Rua Augusta e dedicado à comercialização de máquinas de escrever.

[4] Jayme Pinheiro de Andrade Neves (1866-1955) era um primo chegado à mãe de Pessoa. Médico de profissão, foi ele que assistiu a Pessoa na hora da morte, em 30 de novembro de 1935.

[5] Amigo do Curso Superior de Letras, já referido no diário de 1906.

[6] Escritor (1881-1960), irmão de António Correia de Oliveira (1879-1960), poeta saudosista publicado por *A Águia*.

Emerson. — Sempre ralado por causa dos 5.000 réis do Rosa[1], dos 5.000 réis a pagar ao Mayer antes de 20 e pela impossibilidade da ida imediata para o Algarve.

Tomei alguns apontamentos para raciocínios. Mais nada escrevi de raciocínios. Ideei, porém, uma espécie de comédia horrorosa, em parte já lembrada — *O Pinhal do Rei*. Lembrou-me a ideia dos vários adiamentos e do concílio para tirar a paralítica do pinhal.

16/2 (DOMINGO)

Antes do almoço (12½) dei um passeio totalmente oco, meditativo, estéril e sonhadoramente. Depois saí para o escritório do Mayer. Passei pela Brasileira e lá fiquei até às 15, falando com o Ilídio Perfeito[2]. Ofereceu-me um lugar num jornal que está montando; não recusei *carrément*, mas não aceitei. — No escritório do Mayer desde as 15½ até às 18¼ ou 18½. Copiei parte da carta para o Natal. A máquina desarranjou-se. Escrevi bocados do «Marcos Alves» e do «Filatelista». Ideei finalmente a personagem integral de Marcos Alves. *Fixei* o Filatelista também. A «ideação» foi principalmente num pequeno passeio até ao Rossio com que cortei a estadia no escritório. Das 17½ até às 18 esteve cá o Francisco — De noite em casa, dormi o serão. Apenas vagas e informes ideias para raciocínios.

[1] Provavelmente Henrique Rosa, irmão do padrasto de Pessoa.

[2] Poeta (1883-1935) com colaboração dispersa e dois livros. Também dirigiu *A Revista: Literatura, arte, modas, publicidade*, publicada em Lisboa entre 1925 e 1927.

17/2 (2.ª-FEIRA)

De dia pouco mais copiei da carta para o Natal, que não segue ainda. Fui ao novo escritório do Lavado, na rua da Prata, às 17 horas e escrevi cousas que me tomaram até às 18. Antes disso gastei o dia inutilmente passeando pela cidade, e indo ao Ministério da Guerra por causa daquilo do Mayer. — Depois de jantar vim até à Brasileira. Estive desde as 21½ às 24 falando primeiro com o Barradas[1] sobre cousas fúteis; contando eu cousas do Dr. Nabos[2] e depois com o I[srael] Anahory[3] com quem pouco falei, visto ele estar a ler. Divergimos um pouco *re* Bernstein[4], ele tomando uma atitude de calorosa autodefesa. — De tarde eu falara com o Afonso Gaio[5] que conta ir a Madrid para convencer a Rosario Pino[6] a levar *O Desconhecido*[7] em espanhol, quando viesse aqui. — Poucos e informes raciocínios tive; um ou outro ponto secundário de Marcos Alves se esboçou. — Esbocei duas poesias inglesas, de noite, quando regressei a casa.

[1] Jorge Barradas (1894-1971), notável ilustrador, pintor e caricaturista.

[2] Gaudêncio Nabos, médico e escritor humorístico inventado por Pessoa em Durban.

[3] Israel Abraão Anahory (1884-1969), dentista com consultório perto do café A Brasileira, na Rua Garrett, n.º 61. Entrou mais tarde no corpo diplomático, servindo como cônsul de Portugal em França. Escrevia poesia e teatro.

[4] Henry Bernstein (1876-1953), célebre dramaturgo francês, nomeado no *Ultimatum* de Álvaro de Campos. Uma peça sua, *O Assalto*, acabara de se estrear em Lisboa.

[5] Afonso Gaio (1872-1941), poeta, dramaturgo e jornalista. Encontram-se na biblioteca de Pessoa dois dos seus livros.

[6] Atriz espanhola (1870-1933) que viria a Lisboa, pouco tempo depois, para uma série de récitas no Teatro da República (hoje Teatro São Luiz).

[7] Peça de Afonso Gaio que Pessoa tencionava traduzir para inglês.

18/2 (3.ª-FEIRA)

Almocei cedo (10) e saí cedo de casa. Ao barbeiro, escritório do Mayer e depois ao Ministério da Guerra e Arsenal do Exército. De tudo salvou-se o passeio, agradável ao sol e ao frio. Dirigi-me para a repartição de João Correia de Oliveira para lhe pedir 5.000 réis para devolver ao Mayer os 1.500 réis para pequenas despesas. No Chiado encontrei o José Figueiredo[1] e estivemos uns tempos à entrada da Rua da Emenda a discutir Wagner, e depois o Valério de Rajanto[2]. Passou João Correia de Oliveira e disse-me que ia para a Brasileira. Fui lá ter, encontrei-o com o Augusto Santa-Rita[3]. Discuti *O Doido e a Morte* de Pascoaes, ele fraternalmente contra, eu quase calado. Falamos do plano da minha revista *Lusitânia*, plano completo, e ele ficou um tanto preso do assunto, prometendo escrever para um editor do Porto sobre o assunto. Vim para baixo, para a Livraria Ferreira, com o Santa-Rita. Deu-me para ler uma carta à nova atriz Ester Durval[4], que vai publicar, parece que nas *Novidades*: do género. — Escritório da Rua da Prata das 15½ às 16¼; duas cartas. Vim escritório Mayer. Mandei carta Lavado pedindo 1.000 réis. Continuei copiando carta para o Natal. — De noite entrei na Brasileira, saí logo,

[1] Talvez o crítico de arte José de Figueiredo (1871-1937), que em 1911 assumiu o cargo de diretor do Museu Nacional de Arte Antiga.

[2] Francisco Valério de Rajanto de Almeida e Azevedo (1888-1980), ator, dramaturgo e romancista.

[3] Augusto de Santa-Rita (1888-1956), irmão de Santa Rita Pintor, poeta, dramaturgo e diretor da revista *Exílio* (1916).

[4] Pseudónimo de Ester Leão (1892-1971), atriz que se estreara na peça de Bernstein dias antes.

com o Costa.[1] Fui para casa a pé com ele. — Esbocei o folheto sobre o Oscar Wilde e parte da Teoria da Aristocracia. Recebi um bilhete da tia Lisbela[2] e *O Doido e a Morte* do Pascoaes, no correio da manhã.

19/2 (4.ª-FEIRA)

Um dia em branco quase. Saí de casa às 13. Escritório do Lavado (Rua da Prata); recebi 1000 réis. Encontrei Boavida[3] e fui com ele à redação do *Teatro*, nova revista, dele. Estivemos a discutir a utilidade e fins da revista. Talvez eu lá publique a crítica, ainda em esboço, ao *Bartolomeu Marinheiro* do Lopes Vieira. O resto do dia passeei sem razão de ser. — De noite estive na Brasileira, ocamente falando com o Barradas e o Anahory mais novo[4]. Apareceram o Cobeira[5] e o Castañé[6]. Saí com este, vim ao escritório do Mayer mos-

[1] Talvez António Joaquim Costa, amigo mencionado adiante. Morava no mesmo bairro que Pessoa.

[2] Lisbela da Cruz Pessoa Machado (1845-1929), prima do pai de Pessoa, vivia entre Tavira e uma quinta fora da cidade.

[3] José Boavida Portugal (1889-1931), jornalista e escritor, organizou um inquérito literário no jornal *República* em 1912, no qual Pessoa participou. Em 1913, fundou *Teatro: Revista de Crítica*, que conheceu quatro números; depois, nesse mesmo ano, fundou o *Teatro: Jornal de Arte*; e, em 1915, dirigiu *O Jornal*. Pessoa colaborou nas três publicações.

[4] Talvez Jaime Simão Cagi Anahory (1888-1971), irmão de Israel e morador, com ele, na Rua Luz Soriano.

[5] António Cobeira (1892-1959) foi uma figura importante no grupo de escritores que rodeava Fernando Pessoa. Colaborou em várias publicações e era diretor literário da revista *O Ocidente*.

[6] Adolfo Rodriguez Castañé (1887-1963), pintor e decorador espanhol radicado em Lisboa. É autor do único retrato a óleo de Pessoa pintado durante a sua vida, em 1912, e também de uma caricatura do poeta publicada na primeira página do jornal *República* em setembro de 1912.

trar-lhe as águas-fortes (foi o que ele disse que eram) do Rafael Bordalo Pinheiro; o Castañé disse que talvez tivessem algum valor. Ficou de vir no dia seguinte para as ir mostrar ao M[anuel] G[ustavo] B[ordalo] P[inheiro]. Fui com o Castañé até ao Martinho, falámos uns minutos com o Lacerda[1]. Fui para casa. — Tomei umas notas sobre uma nova orientação a dar à carta ao Ministro Inglês[2].

20/2 (5.ª-FEIRA)

Levantei-me cedo. Vim para o escritório do Mayer às 10. Estive na Brasileira do Rossio com o Cunha Dias[3]. Falou-me da futura conferência. Segui para o escritório. Estive lá escrevendo nesta Agenda até às 11¼. Para casa, almoçar. Voltei às 12½, fui ao 3.º bairro pagar 100 réis que lá devia. De volta encontrei o Fortunato da Fonseca[4]; fomos à Brasileira onde discutimos assuntos literários; para ele Junqueiro é um grande escritor, não um grande poeta, e o melhor dele é o que é irónico. Isto, *inter alia*, das quais muita cousa interessante. — Passou pela Brasileira o Castañé. Viemos ao escritório do Mayer para ele levar as águas-fortes. No entretanto acabei de copiar a carta para o Natal. — Carta seguiu

[1] Provavelmente Almada de Lacerda, escritor e monárquico, amigo de Pessoa e dos seus companheiros.

[2] Uma «Letter to the British Minister in Lisbon» consta entre os projetos do poeta nessa altura.

[3] Alberto da Cunha Dias (1886-1947), advogado e escritor que será amigo de Pessoa ao longo dos anos.

[4] Luís Fortunato da Fonseca (1859-1934), médico, escritor e político. Não publicou nenhum livro, mas ficou célebre pelo brilho da sua conversação.

para o Natal. — Castañé veio e declarou os desenhos avaliados em 6.000 réis cada; comprador provável Cruz Andrade, na Ameixoeira. — Escritório do Lavado (Rua da Prata) às 17. Nada a fazer. — Noite toda em casa. Serão dormi. Acordado das 0 às 4, escrevendo vários fragmentos sobre O. Wilde, educação, e teoria aristocrática. Li W.W. Jacobs[1] até dormir, para abater a excitação de ter pensado.

21/2 (6.ª-FEIRA)

Acordei 10 horas. Vim para Baixa, escritório Rua da Prata às 13; nada. Estavam Lavado e S[oares] Franco[2]. Segui Brasileira Chiado; falando com João Correia de Oliveira, *inter alia*, sobre Pascoaes; ele cortando miudinho. Um pequeno passeio. Escritório Mayer; um pouco sem nada fazer exceto fumar e escrever uns versos do «Galaaz». — Durante a tarde toda estive na redação do *Teatro* falando com Boavida e Eduardo Freitas[3]. Este provocou-me a que escrevesse o ataque ao *Bartolomeu Marinheiro* de Lopes Vieira. Entre tentado e querendo fugir à maçada, sentei-me, e das 16¾ às 18¼ escrevi o artigo. Boavida apreciou-o muito. Para casa tarde. —

[1] Dos livros que Pessoa lia por mero prazer, os romances do inglês W.W. Jacobs (1863-1943) contavam-se entre os preferidos.

[2] Armando Soares Franco era colega do senhor Lavado, cujo escritório foi depois ocupado pela firma A. Soares Franco & C.ª L.da, de comércio de cacau. Em 1919, quando já era proprietário das Minas de Porto de Mós, Soares Franco ajudou a financiar a *Acção*, revista sidonista surgida em 1919, numa iniciativa apoiada por Pessoa.

[3] Crítico principal da *Teatro: Revista de Crítica*. Assinou, em 1-3-1913, o artigo «O Cubismo Nacional», apontando Santa Rita Pintor como seu maior expoente.

De noite vim para a Brasileira. Estive conversando, com Corado e com Pinto[1], muito estudioso e lido, até às 23 aproximadamente. Fui para casa, chegando às 23¾. Conversando com Raul Costa[2]. — Não dormi senão tarde. Estive intranquilamente lendo W.W. Jacobs, para me curar do efeito de uma cousa que o Corado me contou que o Henrique Rosa casualmente de mim dissera. — Poucos apontamentos tomei sobre qualquer dos assuntos que ora me prendem.

22/2 (SÁBADO)

Levantei-me cedo e cedo almocei para ir à tipografia ver as provas do artigo sobre *Bartolomeu Marinheiro*. Estive lá, exceto pequenos períodos nos escritórios do Mayer e Lavado (uma carta), todo o dia até às 19. — Fui a casa jantar. Voltei para a tipografia, vi começar a tirar o jornal: meu artigo teve de ser cortado. Tive pena e disse que era justo e não fazia mal, porque assim eu sentia que era. Na Brasileira falando com Fortunato da Fonseca, Anahory, Corado. Este, não sei se casualmente, repetiu, falando comigo só, a frase do Rosa que ontem me citara. Já me magoou menos. Estive na Brasileira até à 1 hora. Irritei-me um pouco, interiormente, com o Carlos de Sousa, massagista[3], que pessoalmente não conheço,

[1] Talvez Alfredo Augusto Xavier Pinto (ver nota à entrada de 6 de março).

[2] Raul da Costa, futuro genro da tia Anica. Casaria com Maria, prima direita de Pessoa, em outubro de 1914.

[3] Carlos de Sousa exercia a sua profissão na Rua Garrett, 61, por baixo do consultório de Israel Anahory. Luís Furtado Coelho, o mestre de ginástica sueca, ocupava outro andar, mais alto, no mesmo prédio.

por ele estar a estrangeirar, desdenhando, por português, do cartaz da Liga Naval sobre Defesa Nacional. — Uma visão do quanto com que a Renascença Portuguesa tem de lutar para erguer isto.

23/2 (DOMINGO)

Passei quase todo o dia no escritório do Mayer, escrevendo, passeando. Antes estive na Brasileira, à porta, falando com o Fortunato da Fonseca; interessante, ele, como sempre. Passeei um pouco. Fui para casa um pouco tarde. — Uns fragmentos mais de «Marcos Alves» — alguns paradoxos menores.

Recebi um bilhete do Sá-Carneiro.

Teatro não saiu.

24/2 (2.ª-FEIRA)

De dia, do escritório do Lavado para o do Mayer, e um pouco na Brasileira com o Côrtes-Rodrigues[1]. Pedi-lhe uma poesia, que me leu, para a *Águia*. De noite saí, vim ao escritório do Lavado, onde estive a trabalhar até às 11½. Para casa. — Uns pequenos apontamentos. — Mandei carta para o Natal (referente ao dia 12).

Na redação do *Teatro* Freitas disse que assim não prestava, que Boavida tinha estado a dormir ao dirigir aquilo, etc.

[1] Poeta açoriano, colaborador de *Orpheu* e um dos amigos mais chegados de Pessoa, Armando Côrtes-Rodrigues (1891-1971) era aluno da recém-criada Faculdade de Letras. Regressaria definitivamente a São Miguel em janeiro de 1916.

25/2 (3.ª-FEIRA)

Para a Baixa às 11½. Recebi dinheiro da tia Rita no Banco de Portugal. Na Brasileira; falei, pouco, com o Coelho. No escritório do Mayer. Escrevi, e mandei, cartas à Mamã (data de 19), Álvaro Pinto[1] (mandando versos do Côrtes-Rodrigues) e Sá-Carneiro, de quem recebi hoje um bilhete-postal (não era resposta a este, mas a um de anteontem, indo a carta com data de 24). — De manhã e durante o dia tive várias ideias para paradoxos. — De noite na Brasileira, falando com o tenente Marques. Saí, indo à casa do Corado. Falando com ele até à 1¼. Conversando de várias cousas, sem grande importância de qualquer espécie. Ele expondo a sua dispersão espiritual.

26/2 (4.ª-FEIRA)

De manhã, provocou-me a leitura do jornal variadíssimos conceitos paradoxais. — Saí de casa só às 14½, por causa da muita chuva. Na Brasileira: falando com o Coelho e outro, o Rocha que foi da garagem do Fontes[2]. — Escritório do Mayer; depois falando assaz longamente com o António Ferro[3], na Rua do Ouro. Escritório Lavado — nada. Escritório Mayer — uma carta extensa. Saí eram 18¾. —

[1] Editor e secretário da redação da *Águia*, onde Pessoa colaborou em 1912-1913. Por intermédio de Pessoa, a revista também publicou poemas de Côrtes-Rodrigues e António Cobeira, além de um conto de Mário de Sá-Carneiro.

[2] Eduardo de Fontes, proprietário da Garagem Central, na Rua da Luta.

[3] Amigo de liceu de Sá-Carneiro, António Ferro (1896-1956), escritor e jornalista, foi diretor do Secretariado de Propaganda Nacional. Incentivou Pessoa a concorrer com o livro *Mensagem* ao prémio de poesia criado pelo SPN em 1934.

De manhã recebi carta do Natal, a que devia ter chegado no sábado passado. — De manhã decidi escrever em português «O Templo de Jano»[1], e em inglês só «Controversial Matter», como «Concerning Oscar Wilde», a defesa da República Portuguesa, etc. — De noite na Brasileira. Várias ideias paradoxais.

27/2 (5.ª-FEIRA)

De dia nada a fazer nos escritórios do Lavado e do Mayer. Estive na Brasileira com o Gaio, que me estava expondo duas peças suas. Do mesmo tema, tratado diversamente. — Mais tarde fui à redação do *Teatro*; apresentado por Boavida ao Vitoriano Braga[2]. Um pouco desconfortável por ambiência, por estar lá uma mulher, aliás discretamente sentada no sofá com o R[icardo] Santos[3] ao lado. Creio que se não notou o meu desconforto. — De noite, na Brasileira, estive falando com o Corado e o Anahory, seriamente e longamente, sobre ceticismo e crença: tudo a propósito do Anahory ter, sabendo por mim que eu era (suponho) descendente de cristãos-novos, dito que eu tinha cousas semíticas — o nariz um pouco; mais, a preocupação de tomar as coisas a sério. — Para casa com o Corado. Cheguei a casa deviam ser meia-noite e meia hora, quando muito. — Tive,

[1] Título de um opúsculo ou livro que traçava paradoxos, sobretudo acerca da Primeira Guerra Mundial.

[2] Vitoriano Braga (1888-1940), dramaturgo primo de Pessoa, cuja peça *Octávio* começou a traduzir para inglês.

[3] Colaborador de *Teatro*.

durante o dia, várias ideias para paradoxos, mas não foram muitas nem foram extraordinárias.

28/2 (6.ª-FEIRA)

(Tendo-me esquecido de encher a página no dia seguinte, perdi da memória o que fiz neste dia, exceto que tive mais algumas, mas poucas, ideias para vários lugares de vários escritos em projeto.)

1/3 (SÁBADO)

De manhã recebi cartas do Natal e do Sá-Carneiro. — Depois do almoço ideei várias pequenas poesias, sendo uma a alteração da «Voz de Deus», por concordar com a crítica do Sá-Carneiro. Para baixo para o escritório do Mayer. Estive escrevendo as poesias compostas em casa, e nesta Agenda. Saí do escritório do Mayer às 14½. Fui à tipografia ver se estavam a imprimir o *Teatro*. Ali estive, com uma interrupção (ir ao escritório do Lavado) até às 19. De noite lá voltei. Fui com o Almada Negreiros ao quarto dele ver os trabalhos para a exposição; achei muito bons. Foram também, ao mesmo tempo, Castañé, Lacerda e um rapazito Joyce, primo do António Joyce[1]. Cheguei a casa pouco depois da meia-noite.

2/3 (DOMINGO)

Vim para a Baixa pelas 14 horas, com intenção de ir trabalhar para o escritório do Mayer. Fui, porém, primeiro à Brasileira

[1] António Avelino Joyce (1888-1964), colega de Pessoa no Curso Superior de Letras e estudioso da música tradicional portuguesa.

e ali assisti a uma cena de pugilato verbal, muito desagradável, entre o João Correia de Oliveira e o Alfredo Guimarães[1]. Depois estive até às 17¾ na redação do *Teatro*. Estava Boavida; vieram depois o Vitoriano Braga e o Almada Negreiros. Vim para o escritório do Mayer. Escrevi o princípio da carta para o Pascoaes. Fui para casa. De noite, dormi ao serão; depois li pouco. Quase nenhuma ideia tive. — O dia esteve de primavera.

3/3 (2.ª-FEIRA)

Vim para a Baixa às 11 horas, para o escritório do Mayer, onde estive pseudotrabalhando até às 13. (O correio trouxe um bilhete-postal do Sá-Carneiro.) Fui, depois de vaguear um pouco, vindo de vez em quando ao escritório do Mayer, ao escritório do Lavado onde, ao pé de cartas a fazer, encontrei uma carta para mim, que arquivei. Ocorreu-me o poema sobre o Capitão Scott. Preparei a parte central, e o «prelúdio», que tenho de alterar, por julgar que os homens tinham morrido afogados. — Também estive na redação do *Teatro*, onde me entregaram *O Gomil dos Noivados*, para base do meu artigo sobre o Sousa Pinto[2]. Elogiaram-me, sobre o artigo, em várias ocasiões do dia, o Raul Carneiro, o Martinho Fonseca[3], o Barradas, o Nuno de Oliveira[4] (de noite) e o

[1] Alfredo Guimarães (1882-1958), escritor, crítico de arte e colaborador em diversos jornais e revistas, incluindo *A Águia*.

[2] Manuel Sousa Pinto (1880-1934), professor, jornalista e autor de vários livros.

[3] Provavelmente Martinho Gomes da Fonseca (1890-1972), pintor e futuro diretor da Sociedade Nacional de Belas-Artes.

[4] Jornalista que assinalaria, alternadamente com Pessoa e outros, a «Crónica da Vida que Passa...» em *O Jornal*, em 1915.

Ilídio Perfeito. — De noite na Brasileira, com o Corado. Para casa com ele. — Quando fui a casa para jantar, encontrei uma carta do A.J. Costa (a quem depois encontrei na Brasileira) e um bilhete-postal, *plutôt* desagradável, do Álvaro Pinto.

4/3 (3.ª-FEIRA)

Vim para a Baixa, para o escritório do Mayer às 10; estive até às 11½ respondendo ao Álvaro Pinto, e copiando depois a carta à máquina. De regresso de casa, de almoçar, executei vários recados para a Dona Palmira[1] e tia Anica. Vim até à Brasileira, estive falando com o Carlos A. Ferreira[2], saí com ele. Fui ao escritório do Lavado: uma carta. 14h. Voltei ao escritório do Mayer, estive escrevendo aqui, e uma carta ao Vila Moura[3], e um postal ao Mário Beirão[4]. Tornei ao escritório do Lavado; mais uma carta. Passei pela redação do *Teatro*, onde estive apenas minutos. Levei lá *A Águia*, por causa do retrato do Sousa Pinto. — Fui a casa do Henrique Rosa para ver se ele tinha a receita para ouvidos tapados, que lá deixei. Não a encontrou. Estivemos conversando. Para casa. Antes de jantar comecei uma carta

[1] Palmira, a melhor amiga da tia Anica, veio dos Açores para Lisboa com a sua filha Clara em 1906.

[2] O dramaturgo Carlos Alberto Ferreira (1884-1948) foi um dos amigos mais próximos de Sá-Carneiro durante os últimos meses em Paris.

[3] O visconde de Vila-Moura (1877-1935), colaborador de *A Águia*, publicara, há pouco tempo, o romance homoerótico *Nova Sapho*.

[4] Mário Beirão (1890-1965), poeta saudosista, amigo de Pessoa, foi viver com o visconde de Vila-Moura, ao norte do Douro, em setembro de 1912.

para o Sá-Carneiro. Vim para o escritório do Mayer, onde estive a escrever aqui e a levar de lá papéis na pasta.

5/3 (4.ª-FEIRA)

Grande parte do dia no escritório do Lavado. Uns momentos no escritório do Mayer. De manhã, continuei a carta ao Sá-Carneiro. Fui ao escritório do José de Sousa pedir o *Só*. Trouxe-mo à Brasileira à noite. Levei-o à Livraria Ferreira. Alterei, etc. e escrevi algumas (cinco) poesias. — De noite na Brasileira com Anahory; apresentou-me ao António Arroio[1]. Interessante; nalguns pontos limitado. Para casa tarde.

6/3 (5.ª-FEIRA)

De manhã recebi a *Vida Portuguesa*[2] e as provas dos sonetos do Côrtes-Rodrigues, vindas da Renascença [Portuguesa]. Vim para a Baixa às 11½, vendi o *Só* por 1500 réis na Livraria Ferreira. Escritório do Mayer, por duas vezes. Escritório do Lavado, por duas vezes: umas 2 cartas. Escrevi o artigo sobre o Sousa Pinto. Na Brasileira duas vezes: li o artigo ao Ilídio Perfeito. O C[arlos] Amaro[3] esteve-me lendo uma secção que vai abrir na *Luta*[4]. Fez de mim ouvinte, mais

[1] António José Arroio (1856-1934), escritor, tradutor e crítico literário, musical e de arte.

[2] Revista publicada entre 1912 e 1915 e que pertencia, como *A Águia*, à Renascença Portuguesa.

[3] Carlos Amaro de Miranda e Silva (1879-1945), jornalista, deputado republicano, dramaturgo e crítico, que revelou os poemas de Camilo Pessanha, ainda inéditos, a Pessoa e seus companheiros.

[4] Diário republicano fundado em 1906.

nada. O Alfredo Guimarães leu o artigo sobre o Sousa Pinto e achou injusto. Escrevi 1 postal ao Côrtes-Rodrigues e 2 ao [Armando Teixeira] Rebelo. Nada de literário. Ilídio Perfeito convidou-me para fazer a crítica literária no jornal dele, a sair em abril; aceitei. — De noite, na Brasileira falando com Corado, depois na Brasileira do Rossio, com Côrtes-Rodrigues e Lacerda. Casa. Cheguei ¾. — No escritório recebi um postal do Xavier Pinto[1].

7/3 (6.ª-FEIRA)

Para a Baixa cedo, às 10 horas. No escritório do Mayer, respondi a um bilhete do Álvaro Pinto, que recebi de manhã, e remeti-lhe provas dos sonetos do Côrtes-Rodrigues. — Durante o dia escrevi ao Cruz Magalhães[2]; para o Natal, incluindo o «Formulário Ortográfico»; ao Sá-Carneiro (acabei e enviei a carta e também o primeiro número do *Teatro*). Fiz vários recados para a tia Anica. Fui à tipografia 3 vezes para rever as provas, mas não estavam nunca prontas. Encontrei o Cunha Dias que me deu um bilhete de cadeira para a conferência dele — mau, porque coincide com o concerto no República. Fiquei hesitante e confuso, não sabendo a qual hei de ir. Falei com o Boavida na rua; esteve-me lendo um artigo dele que vai no próximo número do

[1] Alfredo Augusto Xavier Pinto era sócio da firma Lavado, Pinto & C.ª, que em 1914 mudou da Rua da Prata para o Campo das Cebolas, onde, um ano mais tarde, deu lugar à firma A. Xavier Pinto & C.ª. Bastante amigo de Pessoa, Xavier Pinto seria assinante da revista *Orpheu*.

[2] Artur Ernesto de Santa Cruz Magalhães (1860-1928), poeta e colecionador.

Teatro. — Mesmo antes de ir jantar encontrei o Rebelo na Brasileira; falei com ele daquilo do Lavado. — De noite, dormi o serão. Nada de literário feito ou pensado. — De tarde chegaram a carta do Natal e uma do Mário Beirão, de 6, de Ancede.

8/3 (SÁBADO)

Fui para a Baixa às 12 horas. Por várias vezes fui à tipografia; às 15 e 19 horas revi as provas do meu artigo; o segundo número do *Teatro* só sai na 2.ª-feira. No escritório do Lavado: uma carta só. Não escrevi carta nenhuma, nem tomei apontamentos intelectuais. Soube que o Cunha Dias já não fazia, a 9 no Nacional[1], a conferência. À noite estive na Brasileira com o Ilídio Perfeito; depois com o Cobeira e com o Barradas e Almada Negreiros. Frases casuais, nem sequer comigo (exceto, o que, felizmente, aguentei risonho e calmo, a citação pelo Almada das frases — pedido que o Castañé lhe fez, de que não dissessem indecências diante de mim), feriram a nota «Marcos Alves». De manhã a insistência da tia Anica sobre a questão de emprego, a propósito de um anúncio no *Século*, tinha ferido a outra nota. Disse que responderia ao anúncio e, de noite, que havia respondido; mas não pensei em responder. — À meia-noite e um quarto fui cortar o cabelo e fazer a barba; e regressei a casa. — Recebi, de manhã, uma carta do Vila-Moura, e de tarde um

[1] Teatro Nacional D. Maria II, então denominado Teatro Nacional de Almeida Garrett.

bilhete-postal do Cruz Magalhães, acerca das águas-fortes do Bordalo Pinheiro.

9/3 (DOMINGO)

De casa para a Brasileira; Boavida deu-me um *promenoir* para o concerto do República. No concerto até perto das 18 horas. Inferior — pareceu-me — a sinfonia do Freitas Branco[1]. Com isso concordaram o Boavida (na Brasileira, depois) e o Côrtes-Rodrigues, com quem assisti ao concerto. — Depois do concerto estive na Brasileira, ouvindo o Eugénio Vieira[2] ler-me versos, razoáveis, um soneto bom. Curiosa a enorme vaidade dele; inofensiva, porém. — Em casa, ao serão, dormi. — Nada de literário durante todo o dia.

10/3 (2.ª-FEIRA)

Para a Baixa ao meio-dia. Escritório do Mayer duas vezes. Outras duas no escritório do Lavado. Às três encontrei Rebelo, para com ele combinar se lhe serviria o escritório do Lavado. Depois falei com o Lavado sobre o assunto. Ao que parece, serve. Também estive na redação do *Teatro*; falei com o Freitas. Ele comprou as *Cousas de Água* de Maria Amália Vaz de Carvalho[3]. É o livro a atacar esta semana. Reprincipiei a carta ao Pascoaes. — De noite na Brasileira. Falei com o Corado e um pouco com o Fortunato da Fon-

[1] Luís de Freitas Branco (1890-1955), ilustre compositor, musicólogo e maestro.

[2] Eugénio Vieira (1877-1948) colaborou em vários jornais e revistas como poeta e ficcionista.

[3] Prolífica escritora de ficção, poesia, estudos históricos e biografias (1847-1921).

seca. Para casa com o Corado, entre muita conversa psicologizando sobre o Fortunato. Corado concordou com a minha definição dele. Para casa à 1½.

11/3 (3.ª-FEIRA)

Um dia cheio e febril. Para a Baixa pela hora do costume. Tratei de umas cousas para o Mário. Passando pela Brasileira do Rossio, fiquei lá falando com o Vitoriano Braga, que me contou a peça. Depois encontrei lá o Garcia Pulido[1], e, salvo com um intervalo (das 6½ às 8) em que não fui jantar, por ser pequeno, falamos desde as 2½ até às 11 da noite. Andámos passeando e discutindo e expondo imensas [cousas]. Combinámos o nosso panfleto *Jogo Franco*, semanal, podendo ser, cada um produzindo um número alternadamente. Achámos que tínhamos um comum ponto de vista — republicano, antiafonsista, antissocialista.

Recebi de manhã um postal do Sá-Carneiro. Escrevi muito tarde uma ou duas poesias.

12/3 (4.ª-FEIRA)

Ao escritório do Lavado às 10; lá até às 2 da tarde. Depois falei a Garcia Pulido despedindo-me. — Resto do dia vão. — De manhã um postal do Sá-Carneiro.

[1] Domingos Garcia Pulido (1892-1973), político, jornalista e poeta que publicou em 1912 um livro, *Rompendo Fogo*, muito crítico da Renascença Portuguesa.

13/3 (5.ª-FEIRA)

Dia perdido, exceto na surda acumulação de energia. — Escritório Lavado. Carta no escritório do Mayer. Depois fui à Brasileira; só fui jantar à meia-noite.

Carta do Sá-Carneiro de manhã.

Carta do Natal à noite.

14/3 (6.ª-FEIRA)

Vim para baixo às 9, para o escritório do Mayer. Fui ao do Lavado depois, onde escrevi uma carta. — De noite na Brasileira com Corado. Saí com ele, falando sobre vários assuntos num passeio longo, que foi até a Alcântara e volta.

15/3 (SÁBADO)

De dia, fui a casa do Henrique Rosa, depois, encontrando Côrtes-Rodrigues, passei para com ele o encargo criado para com o H. Rosa e tia Anica, que assim acabou. — Levei o Rebelo ao escritório do Lavado. Combinado que ele ficasse e viesse na segunda-feira. Falando com o Afonso Gaio na Brasileira. Ele disse vários disparates analíticos. — De noite na Brasileira falando com João Correia de Oliveira, vindo depois até casa dele, para buscar a *Vida Etérea*. Ali até à meia-noite e meia hora; falámos imenso, íntima e interessantemente. Recitei-lhe os meus versos de que ele gostou bastante, ao que parece. Surpreendeu-o o facto de eu ser poeta.

16/3 (DOMINGO)

De manhã, um bilhete-postal do António Ferro. Saí de casa pouco depois da 1. Fui ao concerto. Falei lá com o Côrtes-Rodrigues, e com um cunhado, que ele me apresentou. Depois estive na Brasileira falando com o Eduardo Graça. — De noite, na Brasileira. — Algumas pequenas ideias literárias.

17/3 (2.ª-FEIRA)

Vim para a Baixa cedo para ir ao escritório do Lavado, auxiliar o Rebelo. Vim; ele não precisava de nada. — (Não me recordo do resto do dia.) — De noite, em casa, encontrei um bilhete da firma Lavado (por Augusto Franco) pedindo-me para ir amanhã às 9, porque o Rebelo tinha saído sem voltar. De noite em casa. Algumas ideias literárias. — Durante o dia falei com vária gente conhecida.

18/3 (3.ª-FEIRA)

Para a Baixa cedo, no escritório do Lavado, até ao meio-dia. Depois andei por vários pontos. (Não me recordo bem dos passos que dei.) Em casa, quando fui jantar, encontrei uma carta do Cruz Magalhães, que na 2.ª viera ao escritório ver as águas-fortes, e um bilhete explicativo do Rebelo. — Eu tinha, durante o dia, escrito ao Rebelo e ao Cruz Magalhães, assim como ao Garcia Pulido, mandando-lhe 4 poesias de Pessanha.

Algumas pequenas ideias literárias.

19/3 (4.ª-FEIRA)

Para a Baixa cedo, com o Mário, para o cartório de E. Silva[1], para testemunhas de uma procuração; não foi, mas foi de uma abertura de sinal. — Na redação do *Teatro* fui apresentado pelo Boavida Portugal ao Manuel António de Almeida[2]; recitei versos do Pessanha, e falei bastante; ele um fraco conversador e homem de polimento. — Aos escritórios do Lavado e do irmão; cartas em ambos. — Na Brasileira falando com o Torres de Abreu[3] e Ilídio Perfeito. — (De manhã recebi um postal do Sá-Carneiro.) — À noite, em casa. Escrevi um postal ao Cruz Magalhães. — Poucas ideias...

20/3 (5.ª-FEIRA)

Para a Baixa pela 1 hora da tarde. Estive nos escritórios dos dois Lavados, e no da Rua Augusta tive uma carta a escrever. No escritório do Mayer escrevi, quase toda, uma carta ao Sá-Carneiro. — Fui à Exposição do Almada Negreiros e à redação de *O Ocidente*; a esta por causa de um pedido do João Correia de Oliveira. — Um dia de depressão absoluta e mortal. — Em casa à noite. Acabei a carta para o Sá-Carneiro. Tomei uns pequenos apontamentos li-

[1] Eugénio Silva, tabelião citado por Pessoa em vários documentos e na sua primeira carta a Ofélia Queiroz.

[2] Embora pouco conhecido no meio literário de então, Manuel António de Almeida era muito apreciado por Pessoa, que, numa recensão publicada em *O Jornal* em 4-4-1914, fez rasgados elogios às suas colaborações no *Inquérito Literário* organizado por Boavida Portugal.

[3] Deve tratar-se de um jornalista, pois Pessoa refere-o numa lista de jornais onde esperava promover Alberto Caeiro.

terários. — Recebi, de noite, quando cheguei a casa, a carta do Natal (em resposta à que narrara o acontecimento imoral) e uma carta de Álvaro Pinto, a respeito da subscrição para o Gomes Leal[1].

21/3 (6.ª-FEIRA)

Dado que estive vários dias sem tocar neste diário, só me recordo que nesta 6.ª-feira não fui aos escritórios dos dois Lavados, mas só ao do Mayer. Estive no Rossio muito tempo falando com o Ruy Coelho[2], e muito entusiasmado por o ouvir descrever a sua obra, agora patriótica.

22/3 (SÁBADO)

Nos 3 escritórios. Escrevi cartas ao Álvaro Pinto, Sá-Carneiro, e postais ao Rebelo e Garcia Pulido. Mais nada me ocorre.

23/3 (DOMINGO)

Quase todo o dia só no escritório do Mayer. Escrevi grande parte da sinfonia das Caravelas. Tomei alguns outros apontamentos. Escrevi (datada de 20) a carta para o Natal. De noite em casa; ao chá, de repente, senti-me esvair, quase desmaiando. — (Às 5 horas menos 10 nasceu a pequenita do Mário.)

[1] A Renascença Portuguesa pretendia ajudar assim o poeta caído na miséria.

[2] O compositor Ruy Coelho (1889-1986) estreou em Lisboa no Teatro S. Carlos, em junho de 1913, a grandiosa *Sinfonia Camoniana*, que, entre orquestra e coro, reunia 500 executantes.

24/3 (2.ª-FEIRA)

Todo o dia na Baixa, desde as 2 horas até às 11½ da noite. No escritório do Lavado de dia e indo ali às 10 da noite já não estava. Durante o dia, das 5 às 8 aproximadamente, no escritório do Mayer escrevendo umas 7 ou 8 estrofes do *Epithalamium* (em inglês). Depois na Brasileira, com João Correia de Oliveira. Finalmente, de regresso à Brasileira, fui outra vez ter com o João Correia de Oliveira, a casa dele. Conversamos até às 11½. Fui para lhe pedir 500 réis emprestados, mas não me senti ousado, visto ele tomar a visita, logo de princípio, como de amabilidade.

Jantei no Restaurante Pessoa[1].

Quando vim de jantar encontrei o Rebelo, para quem estava a querer escrever a tempo uma dissertação. Só precisa depois de amanhã. De manhã recebi um bilhete-postal do Álvaro Pinto.

Sinto-me muito anémico e esvaído, ainda que poeticamente excitado.

25/3 (3.ª-FEIRA)

(Passaram mais dias sem eu olhar para este Diário.) Deste dia não me recordo.

26/3 (4.ª-FEIRA)

Deste dia apenas me recordo que estive quase todo o tempo com o Garcia Pulido, que encontrei na Brasileira do

[1] Situado na Rua dos Douradores, este restaurante de dois andares seria frequentado por Pessoa até ao ano da sua morte.

Chiado. Falei imenso com ele. Li-lhe (a ele e ao Lacerda) «O Homem dos Sonhos»[1], no Martinho. — De noite estive na Brasileira falando com Ilídio Perfeito, um sujeito de Castelo Branco, a quem ele me apresentou; depois com Anahory e João Correia de Oliveira. Para casa aí pelas 12¼ da noite. — Algumas ideias literárias, interessantes por vezes.

27/3 (5.ª-FEIRA)

Saí de casa cedo. Almocei no Restaurante Pessoa, mediante empréstimo de João Correia de Oliveira. Depois fui encontrar-me com o Garcia Pulido na Brasileira do Rossio. Falamos até às 2½. Devido ao advento de alguns indivíduos proprietários, a conversa, atravessando a lei de contribuição predial, descambou em horrorosamente depressiva. Depois, sozinho com o Pulido, estivemos dolorosamente a entredar-nos força para o combate. Escritório do Lavado; 2 cartas. Depois na Brasileira com o Torres de Abreu. Vim para o escritório do Mayer e ali estive, durante uma chuva tremenda, até às 7½. Escrevi à tia Lisbela e para o Natal (datando de 25). Saí, fui à redação do *Teatro* arranjar um tostão para o carro. Saí de lá às 8½. Estavam apenas Boavida e camarilha. — Em casa de noite. Dormi pegadamente das 10 até manhã, mas um sono triste, cheio de sonhos, fisicamente doloroso.

28/3 (6.ª-FEIRA)

Omitido por demora e esquecimento.

[1] Conto de Sá-Carneiro enviado de Paris a Pessoa, para publicação em *A Águia*.

29/3 (SÁBADO)
Omitido por demora e esquecimento.

30/3 (DOMINGO)
Em casa até às 2 horas. Das 2¼ às 4½ em casa do António Ferro a ouvir-lhe ler peças. — Leu duas. — Depois para a Baixa com ele. Fui para a Brasileira, estive falando com o Rajanto, e depois com o Coelho. Saí e fui jantar ao Imperial com o Coelho. Prometeu arranjar-me 100.000 réis para a minha viagem a Inglaterra, e para a minha viagem ao Algarve 30.000 réis para o fim da semana. Depois (8½ para as 9) fui para a Brasileira e estive lá até sair com o João Correia de Oliveira. Fui para casa dele, e conversámos (inclusive uma meia hora com o António Guimarães) até às 12½. Fui para casa.

31/3 (2.ª-FEIRA)
Para a Baixa não muito tarde. A meio do dia encontrei o Coelho. Andei de automóvel até às 6 horas com ele; não fui aos escritórios dos Lavados. O Coelho emprestou 2.000 réis[1]. Para casa.

[1] Trata-se do engenheiro Geraldo Coelho de Jesus, futuro sócio de Pessoa na firma F.A. Pessoa (1917-1918) e diretor do jornal sidonista *Acção* (1919-1920), onde Pessoa colaborou. Numa lista de dívidas iniciada em março de 1913, aparecem várias para com G. Coelho de Jesus, uma delas no valor de 2.000 réis. É admissível que este pudesse emprestar (embora não o tenha feito) as elevadas somas mencionadas no registo de 30 de março.

1/4 (3.ª-FEIRA)

Fui a Santo António dos Capuchos receber o dinheiro para a tia Rita; recebi 5.000 réis, mais 3.000 réis de amêndoas, os quais me dispensei de entregar, por não se saber que se recebiam. — Fui depois ao escritório do Lavado, onde escrevi 10 cartas; depois ao do F. Lavado, onde escrevi uma. No escritório do Mayer escrevi outra. — Para casa. De noite vim até à Brasileira. Estive em casa de João Correia de Oliveira até à 1½ da madrugada. Li-lhe o «Bailado» do Sá-Carneiro; nem ele nem eu gostámos muito. Ele leu-me uma cousa interessante.

De tarde revelou-se a questão entre o João Correia de Oliveira e o António Cobeira.

2/4 (4.ª-FEIRA)

Para a Baixa cedo (9 horas). Vindo pela Brasileira, fui apresentado pelo Luciano de Araújo[1], que ali estava, ao Albino de Menezes[2] e ao Correia Dias[3], que estavam na exposição do Almada Negreiros. Ali recebi os catálogos que este me prometera. Fui depois ao Arsenal do Exército, com o Luciano, de-

[1] Luciano de Araújo (1882-?) foi professor de ensino secundário em Lisboa, poeta e jornalista. O seu primeiro livro, *Poéticos Lamentos*, saíra em 1904.

[2] Albino de Menezes (1889-1949), escritor madeirense, colaborou em jornais e revistas. Uma prosa da sua autoria, ainda muito marcada pelo simbolismo, foi incluída em *Orpheu* 3, quase pronto em 1917 mas nunca publicado em vida de Pessoa.

[3] Fernando Correia Dias (1892-1935), caricaturista, ilustrador, ceramista e desenhador. Autor da capa de *A Águia*, onde colaborou muito, foi também diretor artístico da revista coimbrã *Rajada*, fundada em 1912. Em 1914 imigrou para o Rio de Janeiro, onde se casou com a poeta Cecília de Meireles.

baixo de chuva; mandaram-me voltar lá no dia seguinte. Voltei. Fui lanchar ao Pessoa. Depois estive no escritório do Lavado, onde escrevi umas cartas. Saindo encontrei o Santa Rita, fomos até à Brasileira, onde estivemos falando com o Almada Negreiros (sempre exageradamente garoto) e Castañé. Vim para o escritório do Mayer; escrevi carta para o Natal, datada de 1. — De noite fui à Brasileira. Fui lá apresentado a um rapaz António Alves[1]; estiveram depois um rapaz que não conheço, é agarotado, e o Dom Tomás de Almeida[2], que não conheço senão de vista, e que falou sempre, tendo graça obscena, mas, no fim, dolorosamente irritante.

3/4 (5.ª-FEIRA)

Pelo correio da manhã recebi *A Vida Portuguesa.* Saí de casa às 12½. Fui aos vários escritórios. Fui ao Grémio Literário às 4 com Valério e Ruy Coelho para ouvir a 1.ª conferência do *Teatro* que, porém, se não realizou. Depois andei até às 6 passeando com Valério e Ruy Coelho. Ruy Coelho vai pôr em música a minha poesia «Ó naus [felizes, que do mar vago]», de que gostou, horrorizando-o o «Pauis». — De noite dormi, desde o serão.

4/4 (6.ª-FEIRA)

De manhã recebi carta do Mário de Sá-Carneiro. Estranhei não receber carta do Algarve nem do Pinto. — Fui ao

[1] Autor de, pelo menos, uma peça de teatro. Casou posteriormente com a atriz Ester Leão.

[2] Crítico e escritor (1864-1932) cujo poema «Olhos» constava do gorado terceiro número de *Orpheu.*

Arsenal do Exército e falei com o Major Santos. No escritório do Lavado, fiz algumas cartas. Na redação do *Teatro* um pouco. — De noite estive na Brasileira e depois em casa do João Correia de Oliveira, falando muito.

5/4 (SÁBADO)

De manhã, juntamente com o *Mercure de France* mandado pelo Sá-Carneiro, recebi duas cartas de Pretória, terríveis, uma da Henriqueta. Todo o dia estive torturado e apoquentado imensamente — por causa destas cartas. Uma tortura pavorosa, beco-sem-saída espiritual. — Fui aos 3 escritórios, e escrevi cartas nos dos Lavados. Tive várias pequenas cousas que fazer, que executei todas, ainda que andasse todo o dia desvairado. De noite estive em casa; deitei-me às 10 horas, li um pouco na cama. Algumas ideias literárias, principalmente para «Marcos Alves». Escrevi um bilhete-postal ao Álvaro Pinto.

6/4 (DOMINGO)

Saí de casa perto de 1½, vindo ao escritório do Mayer, mas antes à Brasileira. Estive no escritório até às 9, tentando escrever o artigo para *A Águia*, mas não consegui. Vim para casa com o A.J. Costa[1]; vim arreliadíssimo, especialmente por não ter jantado. — Algumas pequenas ideias literárias.

[1] Deve ser António Joaquim Costa, cujo nome e endereço constam de um bloco de notas usado por Pessoa nessa altura. Os dois moravam no mesmo bairro.

7/4 (2.ª-FEIRA)

De manhã recebi um postal do Álvaro Pinto. Respondi-lhe à noite. Estive nos dois escritórios dos dois Lavados, e no do Mayer. Fui até ao Arsenal do Exército falar (por Mayer) com o Major Santos. — De noite na Brasileira.

8/4 (3.ª-FEIRA)

Escrevi ao Mário Beirão, acabei a carta para o Natal. (De manhã recebera um postal do Mário Beirão.) Acabei, e enviei, o artigo para *A Águia*. Falei com vária gente durante o dia (Valério principalmente). Fui ao escritório do Lavado e ao do Mayer. — De noite na Brasileira. Estive falando com Corado, fui para casa dele com ele. Estivemos conversando um pouco. — Não me recordo que tivesse ideia literária digna de nota. (Tive. Tive a do artigo sobre o Problema Religioso.)

9/4 (4.ª-FEIRA)

Fui para a Baixa às 10½. Escrevi um postal ao Pinto. Continuei a carta para o Sá-Carneiro. Fui, por duas vezes, ao Arsenal do Exército; da segunda vez parece que, enfim, alguma cousa se conseguiu. — Três vezes ao escritório do Lavado (nada que fazer); fiz duas cartas no do F. Lavado. — Não jantei. Estive de noite na Brasileira falando com o Valério. Fui apresentado pelo Ruy Coelho ao João Amaral[1].

[1] Trata-se provavelmente do jornalista monárquico João do Amaral, colaborador de *A Restauração*, *A Ideia Nacional* (na qual Ruy Coelho também colaborou) e a *Nação Portuguesa*, que era porta-voz do Integralismo Lusitano.

Encontrei o Albino de Menezes e vim com ele até ao Largo de Santa Bárbara, falando muito. — Uma ou duas ideias literárias, de segunda ordem.

3/5 (Sábado)

Recebi de manhã um bilhete-postal do Álvaro Pinto, datado de 30 de abril. — Fui às 9½ ao escritório do Lavado; estive até ao meio-dia; escrevi umas 6 ou 7 cartas. Para casa almoçar. Para a Baixa, escritório Mayer. Acabei carta Sá-Carneiro, carta Natal, escrevi bilhetes postais ocos a □

♦

NOTAS PESSOAIS

Pus de lado o hábito da leitura. Já não leio nada exceto um ou outro jornal, literatura ligeira e ocasionalmente livros técnicos relativos a qualquer matéria que esteja a estudar e em que não baste o simples raciocínio.

Quanto à literatura propriamente dita, abandonei-a quase por completo. Tanto a lia por aprendizagem ou por prazer. Mas já não tenho nada a aprender, e o prazer que se pode retirar de um livro é de um género que pode ser substituído com maior proveito por aquilo que o contacto com a natureza e a observação da vida me podem proporcionar diretamente.

Estou agora na plena posse das leis fundamentais da arte literária. Nem Shakespeare me pode ensinar a ser subtil, nem Milton a ser inteiro. O meu intelecto atingiu uma maleabilidade e um alcance tais que me permitem assumir qualquer emoção que deseje e dominar à vontade qualquer estado de espírito. Para atingir aquilo por que sempre se luta com esforço e angústia, a inteireza, não há livro que possa ajudar.

Isto não significa que me tenha libertado da tirania da arte literária. Assumo-a simplesmente em submissão a mim mesmo.

Tenho um livro sempre à mão — *Pickwick Papers*. E já li várias vezes os livros de W.W. Jacobs. O declínio do romance policial fechou para sempre uma das minhas portas de entrada para a escrita moderna.

Deixei de me interessar por seres trivialmente inteligentes — Wells, Chesterton, Shaw. As ideias dessa gente são iguais às que ocorrem a muitos não-escritores; a construção das suas obras vale menos que nada.

Tempos houve em que eu apenas lia pela utilidade da leitura. Compreendo agora que são muito poucos os livros úteis, mesmo sobre os temas técnicos que possam ser do meu interesse.

A sociologia está numa confusão geral; quem pode suportar tal escolástica na Bizâncio de hoje?

Todos os meus livros são obras de referência. Apenas leio Shakespeare em relação com o «Problema de Shakespeare»[1], o resto já sei.

[1] Alguns críticos defendiam que Francis Bacon (1561-1626), filósofo de grande erudição, terá escrito boa parte das peças de Shakespeare. Fascinado por esta hipótese, Pessoa leu vários livros e escreveu muitos trechos sobre a chamada «Questão Shakespeare-Bacon».

Descobri que a leitura é uma forma servil de sonhar. Se tenho de sonhar, por que não sonhar os meus próprios sonhos?

Perder o contacto com os pormenores do ambiente em seu redor é fundamental para o artista literário, cuja missão reside em representar a cena, e não os pormenores, desse ambiente.

PERSONAL NOTES

I have outgrown the habit of reading. I no longer read anything except occasional newspapers, light literature and casual books technical to any matter I may be studying and in which simple reasoning may be insufficient.

The definite type of literature I have almost dropped. I could read it for learning or for pleasure. But I have nothing to learn, and the pleasure to be drawn from books is of a type that can with profit be substituted by that which the contact with nature and the observation of life can directly give me.

I am now in full possession of the fundamental laws of literary art. Shakespeare can no longer teach me to be subtle, nor Milton to be complete. My intellect has attained a pliancy and a reach that enable me to assume any emotion I desire and enter at will into any state of mind. Towards that which it is ever an effort and an anguish to strive for, completeness, no book at all can be an aid.

This does not mean that I have shaken off the tyranny of the literary art. I have but assumed it only under submission to myself.

I have one book ever by me — *Pickwick Papers*. I have read Mr. W. W. Jacobs' books several times over. The decay of the detective story has closed for ever one door I had into modern writing.

I have ceased to be interested in merely clever people — Wells, Chesterton, Shaw. The ideas these people have are such as occur to many non-writers; the construction of their works is wholly a negative quantity.

There was a time when I read only for the use of reading. I now have understood that there are very few useful books, even in such technical matters as I can be interested in.

Sociology is wholesale muddle; who can stand this Scholasticism in the Byzantium of today?

All my books are books of reference. I read Shakespeare only in relation to the "Shakespeare Problem". The rest I know already.

I have found out that reading is a slavish sort of dreaming. If I must dream, why not my own dreams?

To lose touch with the details of environment is paramount for the literary artist, whose mission it is to represent the scene, not the details, of that environment.

◆

Cerca-me um vazio absoluto de fraternidade e de afeição. Mesmo os que me são afeiçoados não me são afeiçoados; estou cercado de amigos que não são meus amigos e de conhecidos que não me conhecem.

Sinto frio na alma; não sei com que me agasalhar. Para o frio da alma não há manta nem capa. Quem o sente não se esquece.

Quer isto dizer que não tenho verdadeiros amigos? Não; eu tenho-os; mas não são meus amigos verdadeiros.

Ai daqueles que foram tocados do transcendental e a quem tudo dói por frio, inexpressivo e distante.

♦

Cada vez estou mais só, mais abandonado. Pouco a pouco quebram-se-me todos os laços. Em breve ficarei sozinho.

O meu pior mal é que não consigo nunca esquecer a minha presença metafísica na vida. De aí a timidez transcendental que me atemoriza todos os gestos, que tira a todas as minhas frases o sangue da simplicidade, da emoção direta.

◆

Há entre mim e o mundo uma névoa que impede que eu veja as cousas como verdadeiramente são — como são para os outros.

Sinto isto.

◆

Pertenço a uma geração que ainda está por vir, cuja alma não conhece já, realmente, a sinceridade e os sentimentos sociais. Por isso não compreendo como é que uma criatura fica desqualificada, nem como é que ela o sente. É oca de sentido, para mim, toda essa □ das conveniências sociais. Não *sinto* o que é honra, vergonha, dignidade. São para mim, como para os do meu alto nível nervoso, palavras de uma língua estrangeira, como um som anónimo apenas.

Ao dizerem que me desqualificaram, eu não percebo senão que se fala de mim, mas o sentido da frase escapa-me. Assisto ao que me acontece, de longe, desprendidamente, sorrindo ligeiramente das cousas que acontecem na vida. Hoje, ainda ninguém sente isto; mas um dia virá quem o possa perceber.

Nunca tive ideias sobre um assunto qualquer, que não buscasse logo ter outras.

Achei sempre bela a contradição, assim como criador de anarquias me pareceu sempre o papel digno de um intelectual, dado que a inteligência desintegra e a análise estiola.

Procurei sempre ser espectador da vida, sem me misturar nela. Assim, a isto que se passa comigo, eu assisto como um estranho; salvo que tiro dos pobres acontecimentos que me cercam a volúpia suave de □

Não tenho rancor nenhum a quem provocou isto. Eu não tenho rancores nem ódios. Esses sentimentos pertencem àqueles que têm uma opinião, ou uma profissão ou um objetivo na vida. Eu não tenho nenhuma dessas cousas. Tenho na vida o interesse de um decifrador de charadas. Paro, decifro e passo adiante. Não emprego nenhum sentimento.

Mas eu não tenho princípios. Hoje defendo uma cousa, amanhã outra. Mas não creio no que defendo hoje, nem amanhã terei fé no que defenderei. Brincar com as ideias e com os sentimentos pareceu-me sempre o destino supremamente belo. Tento realizá-lo quanto posso.

Nunca me tinha sentido desqualificado. Como lhe agradeço ter-me ministrado esse prazer! Ele é uma volúpia suave, como que longínqua...

Não nos entendem, bem sei...

◆

INFLUÊNCIAS

1904-1905 — Influências de Milton e dos poetas ingleses da época romântica — Byron, Shelley, Keats e Tennyson. (Também, um pouco depois, e influenciando primeiro o *contista*, Edgar Poe.) Ligeiras influências também da escola de Pope. Em prosa, Carlyle. Restos de influências de subpoetas portugueses lidos na infância. — Neste período a ordem das influências foi, pouco mais ou menos: 1) Byron; 2) Milton, Pope e Byron; 3) Byron, Milton, Pope, Keats, Tennyson e ligeiramente Shelley; 4) Milton, Keats, Tennyson, Wordsworth e Shelley; 5) Shelley, Wordsworth, Keats e Poe.

1905-1908 (fim) — Edgar Poe (já na poesia), Baudelaire, Rollinat, Antero, Junqueiro (na parte anticlerical), Cesário Verde, José Duro, Henrique Rosa.

1908-1909 (fim) — Garrett, António Correia de Oliveira, António Nobre.

1909-1911 — Os simbolistas franceses, Camilo Pessanha.

1912-1913 — 1) O saudosismo; 2) Os futuristas.

1914

◆

[CARTA A SUA MÃE DE 5-6-1914]

Eu tenho passado bem de saúde e o espírito tem estado curiosamente menos maldisposto. Ainda assim uma vaga inquietação anda a torturar-me, uma coisa a que eu não posso chamar senão uma comichão intelectual, como se eu fosse ter bexigas na alma. É só nesta linguagem absurda que eu lhe posso descrever o que sinto. Tudo isto, porém, não se aparenta propriamente com aqueles estados tristes de espírito, de que às vezes lhe falo, e em que a tristeza é caracterizadamente uma tristeza sem causa. Este meu estado de alma atual tem uma causa. Em torno a mim está-se tudo afastando e desmoronando. Não emprego estes dois verbos no sentido entristecedor. Quero apenas dizer que na gente com quem lido se estão dando, ou se vão dar, mudanças, acabares de períodos de vida, e que tudo isto — como a um velho que vê morrerem em seu redor os seus companheiros de infância, a sua morte parece próxima — me sugere não sei de que misteriosa maneira, que a minha deve, vai, mudar também. Repare que eu não creio que esta mudança vá ser para pior; creio o contrário. Mas é uma mudança, e para mim mudar, passar de uma coisa para ser outra, é uma morte parcial; morre qualquer coisa de nós, e a tristeza do que morre e do que passa não pode deixar de nos roçar pela alma.

Veja: Amanhã vai para — não *a*, mas *para* — Paris o meu maior e mais íntimo amigo[1]. A tia Anica (veja a carta

[1] Mário de Sá-Carneiro.

dela) não é improvável que vá breve para a Suíça com a filha, casada então. Vai para a Galiza, para lá estar bastante tempo, um outro rapaz, muito meu amigo[1]. Passa a viver no Porto um outro rapaz que é, depois do primeiro que lhe citei, o meu amigo mais próximo. Assim, em meu redor humano, tudo se organiza (ou se desorganiza) de modo a ir-me, não sei se isolando, não sei se chamando para um novo caminho que não vejo. Mesmo a circunstância de eu ir publicar um livro vem alterar a minha vida. *Perco uma coisa — o ser inédito.* E assim mudar para melhor, porque mudar é mau, é *sempre* mudar para pior. E perder um defeito, ou uma deficiência, ou uma negação, *sempre é perder*. Imagine a Mamã como não viverá, de dolorosas sensações quotidianas, uma criatura que sente desta maneira!

Que serei eu daqui a dez anos — de aqui a cinco anos, mesmo? Os meus amigos dizem-me que eu serei um dos maiores poetas contemporâneos — dizem-no vendo o que eu já tenho feito, não o que poderei fazer (se não eu não citava o que eles dizem...). Mas sei eu ao certo o que isso, mesmo que se realize, significa? Sei eu *a que isso sabe*? Talvez a glória saiba a morte e a inutilidade, e o triunfo cheire a podridão.

♦

[1] Alfredo Guisado.

[CARTA A ARMANDO CÔRTES-RODRIGUES DE 2-9-1914]

[...]

Mau grado a alguma depressão, constante desde que lá fora é guerra, tenho passado com razoável calma pela ilusão sucessiva dos dias. Nada tenho escrito que valha a pena mandar-lhe. Ricardo Reis e Álvaro futurista — silenciosos. Caeiro perpetrador de algumas linhas que encontrarão talvez asilo num livro futuro. Mas essas linhas são esboços de poesias, não poesias propriamente falando. O que principalmente tenho feito é sociologia e desassossego. Você percebe que a última palavra diz respeito ao «livro» do mesmo; de facto tenho elaborado várias páginas daquela produção doentia. A obra vai pois complexamente e tortuosamente avançando.

Quanto à sociologia, além de ter acrescentado alguns raciocínios e análises à minha «Teoria da República Aristocrática», tenho deliberado teorias várias sobre a guerra presente e sobre as forças sociais, nacionais e civilizacionais em ação. Creio ir-me aproximando de uma interpretação do conflito com visos de verdadeira, ou, pelo menos (sejamos sempre um pouco céticos), de plausível.

O facto é que neste momento atravesso um período de crise na minha vida. Preocupa-me quotidianamente a necessidade de dar ao conjunto da minha orientação, tanto intelectual como «existente na vida», uma linha metódica e lógica. Quero disciplinar a minha vida (e, consequentemente, a minha obra) como a um estado anárquico, e anárquico pelo próprio excesso de «forças vivas» em ação, conflito e evolução interconexa e divergente. Não sei se estou sendo perfeitamente lúcido. Creio que estou sendo sincero. Tenho pelo menos aquele amargo de espírito que é trazido pela prática antissocial da sinceridade. Sim, eu devo estar a ser sincero.

Não se admire você desta minha atitude para comigo mesmo. Tenho vivido tanto e tão cansado tempo comigo que estou sempre de pé atrás para com o que sinto e penso. Muitas vezes, creio firmemente, levo horas intelectuais a intrujar-me a mim próprio. Daí a necessidade em que estou de me acautelar sempre com o que digo. Repare você em que, se há parte da minha obra que tenha um «cunho de sinceridade», essa parte é... a obra do Caeiro.

Inútil e criminal, porém, o está-lo maçando com isto. Passo adiante, deixando-me.

[...]

♦

Hoje, ao tomar de vez a decisão de ser Eu, de viver à altura do meu mister, e, por isso, de desprezar a ideia do reclame, e plebeia sociabilização de mim, do Interseccionismo, reentrei de vez, de volta da minha viagem de impressões pelos outros, na posse plena do meu Génio e na divina consciência da minha Missão. Hoje só me quero tal qual meu carácter nato quer que eu seja, e meu Génio, com ele nascido, me impõe que eu não deixe de ser.

Atitude por atitude, escolher a mais nobre, a mais alta e a mais calma. Pose por pose, a pose de ser o que sou.

Nada de desafios à plebe, nada de girândolas para o riso ou a raiva dos inferiores. A superioridade não se mascara de palhaço; é de renúncia e de silêncio que se veste.

O último rastro de influência dos outros no meu carácter cessou com isto. Recobrei — ao sentir que podia e ia dominar o desejo intenso e infantil de «lançar o intersecciónismo» — a tranquila posse de mim.

Um raio hoje deslumbrou-me de lucidez. Nasci.

Facetas disto: O meu desenvolvimento intelectual chegando ao seu ponto formado.

O meu sentimento social atingindo o seu ponto de equilíbrio.

O estudo genealógico meu.

Cessaram as grotescas vontades de erigir uma *Europa*[1]; voltou a mim o desejo de auxiliar e colaborar com a *Renascença*, porque para o anarquismo intelectual, social em mim o caminho é aquele. De ali é que se pode agir sobre a Pátria. E sumiu-se a minha última veleidade de ser homem de ação (comercial outra vez! — o fim, seria, do desastre inútil que

[1] Título de uma revista que Pessoa e Sá-Carneiro projetam em 1914 e seria o órgão do Intersecccionismo.

a tipografia inaugurou). Tomo consciência do meu papel, social, político, intelectual, e do que posso e devo fazer. A minha impressionabilidade tinha-me levado muito longe. Felizmente tudo evitou que eu *realizasse*, e assim houvesse de me arrepender.

(Razão tinha a tia Anica quando me disse que não me deixasse levar por outros — ela dizia noutro sentido, não neste, mas um pouco neste também.)

II. Doravante ver se estudo, trabalho, elaboro. As minhas angústias espirituais continuarão em muitos pontos; mas num cessaram, na busca de mim que, no âmago de tudo, me trazia irrequieto porque não me encontrara.

Marinetti, tudo isso — o grau superior de *clown*, mais nada.

Associar-me menos com os outros.

Deus esteja comigo.

Devo frequentar a «sociedade»? seek love? _____ ?

Parece-me ter abdicado da Dispersão, da submissão e da fraqueza.

Custa muito, como a um crente que se queira fazer padre o abandonar a noiva. Mas há, ao mesmo tempo, a alegria enorme da libertação.

Além disso, dada a minha grandeza, o meu plebeísmo de atitude seria um exemplo daninho...

A guerra — contrapondo a sua seriedade à frívola futurismidade seria uma influência (ainda que obscura e inconsciente) nesta?

Carta a Côrtes-Rodrigues.

É o Côrtes-Rodrigues quem, de todos, melhor e mais de dentro me compreende. Dizer-lhe isto.

Mas não poderá ficar o Interseccionismo como coisa esquisita a sério? (segundo manifesto) e, assim, a antologia[1] também? — Ver isto.

O Interseccionismo é, primeiro, uma *aproximação de outra gente*, um chinfrim de escola assumida por mim, vindo cair sobre mim os sibilados da dos outros.

21-11-1914

♦

[1] Como Pessoa explica em carta a Côrtes-Rodrigues de 4-10-1914, o projeto de uma revista interseccionista é preterido a favor do de uma *Antologia do Interseccionismo*.

Um dos poucos divertimentos intelectuais que ainda restam ao que ainda resta de intelectual na humanidade é a leitura de romances policiais. Entre o número áureo e reduzido das horas felizes que a Vida deixa que eu passe, conto por do melhor ano aquelas em que a leitura de Conan Doyle ou de Arthur Morrison me pega na consciência ao colo.

Um volume de um destes autores, um cigarro de 45 ao pacote, a ideia de uma chávena de café — trindade cujo ser-uma é o conjugar a felicidade para mim — resume-se nisto a minha felicidade. Será pouco para tanto, é verdade. É que não pode aspirar a muito mais uma criatura com sentimentos intelectuais e estéticas no meio europeu atual.

Talvez seja para os senhores como que causa de pasmo, não o eu ter estes por meus autores prediletos e de quarto de cama, mas o eu confessar que assim os tenho.

◆

Agir é intervir. Um braço que se estende ocupa espaço e torna-se, assim, uma escultura metafísica. Nunca pude deixar de dar a este facto insignificante uma importância alada sobre quotidiano.

Nunca vi em mim senão uma romaria de inconsciências para o outono das minhas intenções. As longas horas que tenho passado à beira do meu correr têm-me causado rios sobre existência.

Com os meus passos treme a luz das estrelas. Um gesto da minha mão, que me oculta a lua um momento, mostra, com este meu assombro, quanto pode realmente significar. De estes pensamentos, tornados domésticos e quotidianos ao meu escrúpulo, adveio ao meu instinto que ele naufragasse no porto. Pareceu-me sempre que ser era ousar; que querer era aventurar-se. Inércia soube-me a santidade, e não-querer a ter bons costumes. Construí assim uma moral burguesa do pensamento, um cuidado da comodidade e da decência através do respeito do mistério. A exagerada consciência, que sempre tive, dos meus momentos doeu-me sempre a mistério e a divino. Nunca me compreendi, sobretudo quando me surpreendi a viver as inconsciências dos meus instintos e a vulgar comoção dos meus reflexos nervosos.

1915

♦

[CARTA A ARMANDO CÔRTES-RODRIGUES DE 19-1-1915]

[...]

Eu ando há muito — desde que lhe prometi esta carta — com vontade de lhe falar intimamente e fraternalmente do meu «caso», da natureza da crise psíquica que há tempos venho atravessando. Apesar da minha reserva, eu sinto a necessidade de falar nisto a alguém, e não pode ser a outro senão a você — isto porque só você, de entre todos quantos eu conheço, possui de mim uma noção precisamente no nível da minha realidade espiritual. Dá-se esta sua capacidade para me compreender porque você é, como eu, fundamentalmente um espírito religioso; e, dos que de perto literariamente me cercam, você sabe bem que (por superiores que sejam como artistas) como *almas*, propriamente, não contam, não tendo nenhum deles a consciência (que em mim é quotidiana) da terrível importância da Vida, essa consciência que nos impossibilita de fazer arte meramente pela arte, e sem a consciência de um dever a cumprir para com nós próprios e para com a humanidade.

Nesta explicação aparentemente preliminar vai já exposta uma grande parte do problema. Não sei como lho hei de expor ordenadamente; de modo perfeitamente lúcido. Mas, como isto é uma carta, eu irei expondo conforme possa; e você ordenará, em seu espírito, depois, os dispersos e alterados elementos.

A minha crise é do género das grandes crises psíquicas, que são sempre crises de incompatibilidade, quando não com os outros, por certo com nós próprios. A minha, agora, não é de incompatibilidade comigo próprio; a minha, gradualmente adquirida, autodisciplina tem conseguido unificar dentro de mim quantos divergentes elementos do meu carácter eram suscetíveis de harmonização. Ainda tenho muito a empreender dentro do meu espírito; disto ainda muito de uma unificação como eu a quero. Mas, como disse, não é dessa banda que sopra o vento do meu desconsolo atual.

A crise de incompatibilidade com os outros — não, entenda-se desde já, uma incompatibilidade violenta, como a que resultasse de divergências declaradas, nítidas, *de ambas as partes*. Trata-se de outra coisa. A incompatibilidade é sentida por mim, dentro de mim, e é comigo que está o peso todo da minha divergência de aqueles que me cercam. O facto de eu estar agora vivendo só, por não ter aqui família próxima (minha tia, em cuja casa eu estava, está na Suíça, onde foi ficar com a filha, que casou há pouco com um rapaz estudante, pensionista do Estado) vem agravar este estado de espírito, por me deixar a nu com a minha alma, sem afeições e interesses familiares próximos a desviar de mim a minha atenção.

Temos pois que vivo há meses numa contínua sensação de incompatibilidade profunda com as criaturas que me cercam — mesmo com os próximos, amigos, literários é claro, porque os outros não são indivíduos com quem eu tenha que poder ter intimidade espiritual e por isso — como, em matéria de relações sociais, me dou bem com toda a gente — dou-me bem com eles.

Em ninguém que me cerca eu encontro uma atitude para com a vida que *bata certo* com a minha íntima sensibilidade, com as minhas aspirações e ambições, com tudo quanto constitui o fundamental e o essencial do meu íntimo ser espiritual. Encontro, sim, quem esteja de acordo com atividades literárias que são apenas dos arredores da minha sinceridade. E isso não me basta. De modo que, à minha sensibilidade cada vez mais profunda, e à minha consciência cada vez maior da terrível e religiosa missão que todo o homem de génio recebe de Deus com o seu génio, tudo quanto é futilidade literária, mera-arte, vai gradualmente soando cada vez mais a oco e a repugnante. Pouco a pouco, mas seguramente, no divino cumprimento íntimo de uma evolução cujos fins me são ocultos, tenho vindo erguendo os meus propósitos e as minhas ambições cada vez mais à altura daquelas qualidades que recebi. Ter uma ação sobre a humanidade, contribuir com todo o poder do meu esforço para a civilização vêm-se-me tornando os graves e pesados fins da minha vida. E, assim, fazer arte parece-me cada vez mais importante coisa, mais terrível missão — dever a cumprir arduamente, monasticamente, sem desviar os olhos do fim criador-de-civilização de toda a obra artística. E por isso o meu próprio conceito puramente estético da arte subiu e dificultou-se; exijo agora de mim muito mais perfeição e elaboração cuidada. Fazer arte rapidamente, ainda que bem, parece-me pouco. Devo à missão que me sinto uma perfeição absoluta no realizado, uma seriedade integral no escrito.

[...]

♦

[DIÁRIO DE 1915]

NOVEMBRO 1915

1 — Dia de *constantes*, pequenas, arrelias.
(⊙□ MC (☽), ☽✱⊙□♃)

2 — Dia de menores arrelias, as de 1, apagando-se. Ligeira trovoada. Impossibilidade de traduzir um trabalho a que me devia dedicar. Uma causa: escrever umas páginas de sociologia. De manhã, até perto das 2 da tarde, enorme lucidez intelectual, e intuição raciocinada.

3 — Dia bastante bom; começou com a receção do postal de John Lane[1] (irrelevante mas agradável); A. Sousa[2], sem eu ter tido de lhe pedir outra vez, entregou-me os 10 dólares; pouco pude trabalhar, porém, em parte por ter muitas cartas no escritório. Li bem, à noite, James[3]. Dores de estômago quase todo o dia, desde o pequeno-almoço até um pouco depois do jantar.

4 — Um dia nem bom nem mau. Trabalhei muito bem, traduzindo 23 páginas. Um dia relativamente calmo e, por

[1] Pessoa, em 23-10-1915, tinha enviado uma carta com 16 poemas em inglês para este editor, que publicou poesia inglesa contemporânea e a revista modernista *Blast*.

[2] Um dos clientes para quem Pessoa, nesta altura, redigia cartas em inglês e francês.

[3] Provavelmente William James, cujo nome e livro mais conhecido, *As Variedades de Experiências Religiosas*, surge num apontamento de Pessoa.

isso, não foi mau. A única coisa desagradável foi estar de chuva e a minha sensação de sufoco por ter trovejado uma vez.

5 — Dia cinzento e agradável. Trovoada à noite, mas estava em casa e não houve muitos trovões; quase não me afetou. Terminei tradução.

6 — Idem. Recebi dinheiro pela tradução. Trovoada à noite, mas foi igual à de cima. Previ que devia chegar quando estivesse na rua e não fui à Estrela. Atividade mental à noite.

7 — Dia calmo. Agradável. Tranquilo em casa. Boa atividade mental à tarde.

8 — Manhã desagradável; com dúvidas quanto às coisas na Estrela, consolei-me com o pensamento astrológico de que nada de grave podia realmente acontecer. Chuva, mas de gabardina. — Febril à tarde. À noite visitei a tia Lisbela[1] (recebera uma mensagem sua à tarde) — Promissora a sua presença.

9 — Dia lucrativo. De manhã tomei o pequeno-almoço com o Pires de Lima e ouvi-o ler bons poemas. — À tarde, no Franco[2]; ganhei 2 dólares. — Chegaram alguns livros ingleses à Livraria Inglesa.

[1] Prima em segundo grau de Pessoa. Ver nota ao diário de 1913, 18 de fevereiro.

[2] Refere-se, provavelmente, a Augusto Franco, antigamente ligado à firma Lavado, Pinto & C.ª (ver diário de 1913, 17 de março).

10 — Um dia desperdiçado, não fiz nada do que tencionava fazer. Apesar de tudo, não foi desagradável. Acabou no hotel da tia Lisbela e na Brasileira.

11 — Dia nem agradável nem desagradável, embora não muito proveitoso.

12 — Dia incaracterístico, mais desagradável que outra coisa. Fiz uma coisa impulsiva e tola, comprando um livro quando pouco dinheiro me resta. Fui ao escritório do Franco para escrever apenas uma carta...

13 — Também incaracterístico, mas mais agradável do que não.

14 — Bem até à 1. Depois disso, tomei o pequeno-almoço, com as ideias um pouco nebulosas, das 4 às 6 bastante mais claras, tendo tido conversas agradáveis. Às 6, encontrei-me com o Vitoriano Braga, sua mulher[1], o Pacheco[2] e o Almada. Daí fui a uma exposição de retratos fotográficos; ideia pouco feliz, mas o tempo passou, afinal, de forma muito agradável. Fui para casa, na amena companhia do Pacheco; em casa sem jantar, porque estava sem di-

[1] Maria Isabel de Sousa Martins (1887-1943) foi, como Vitoriano Braga, dramaturga e tradutora.

[2] José Pacheco (1885-1934), artista plástico e diretor artístico de várias revistas. Fez parte do grupo de *Orpheu*, tendo sido o autor da capa do primeiro número, e dirigiu a *Contemporânea* entre 1922 e 1926.

nheiro; mas pouco me preocupei com isso, porque tinha bebido algum vinho na exposição do Pedro de Lima[1]. Durante o dia (da 1 à 4), criação literária repentina e inesperada (panfleto de António Gomes[2] sobre a Universidade de Lisboa — partes); à noite, na cama, dificuldade em dormir, devido a excitação mental, com sensações de *angoisse* muito acentuadas. Adormeci à 1, apesar disso; considerando que cheguei a casa às 9 e ido para a cama às 10.

15 — A manhã começou com uma pequena desilusão: resposta negativa da Guimarães & Co. (mas boa notícia, porque o panfleto estava incompleto). O dia decorreu de forma bastante agradável, com pequenas «suspeitas» curiosas (mas subjetivas) de menos importância ainda. Entre as 2 e as 4 da tarde recebi inesperadamente 1 dólar e meio do Lomelino[3] por lhe ter passado as traduções à máquina. O dia acabou bem; no Hotel, com a tia Lisbela; eu de excelente disposição e conversador, fui amável para com ela e a sobrinha, evidentemente. Na madrugada do dia 16 (entre as 2 e as 5 horas), grande agitação mental, ideias filosóficas excelentes e impor-

[1] Trata-se da inauguração do «Studio» fotográfico de Pedro Lima na Av. de Liberdade, conforme notícias publicadas no *Diário de Notícias* e no *Século*. Lima foi autor do célebre retrato de Santa Rita Pintor com um fato axadrezado, publicado em *Portugal Futurista* (1917).

[2] O panfleto inacabado intitula-se «A Universidade de Lisboa» e consiste em epigramas que troçam de vários professores e de um ex-colega do Curso Superior de Letras. É assinado pelo heterónimo António Gomes, que se identifica como um «licenciado em filosofia pela Universidade dos Inúteis».

[3] Maurício de Andrade de Freitas Lomelino, natural de Funchal, era sócio (com Mário Nogueira de Freitas) da firma A. Xavier Pinto & C.ª.

tantes, que completam parte do meu sistema. Fisicamente indisposto, flatulência. Um misto de megalomania e ideias religiosas (que de nenhum modo atacaram a lucidez). Adormeci às 5 e meia, até cerca das 11 horas do dia 16. Esse bocado da noite foi notável em termos de atividade mental. (Ao voltar para casa por volta das 11 e meia da noite tinha tido terrores «espirituais» que me causaram inquietação).

16 — Levantei-me tarde, perto das 11 da manhã, como disse. Até cerca das 4 andei sempre mentalmente confuso por causa disso. No escritório, uma coisa boa: chegaram as *últimas* provas de *Os Ideais da Teosofia*[1]: assim já tenho resposta para a pergunta da tia Carolina[2]. As provas, inesperadas, e cansativas. — Não consegui receber dinheiro nessa tarde, devido a ter-me visto forçado a chegar tarde. — Li Caeiro e R. Reis ao Raul Leal[3]: pareceu gostar muito e compreender: portanto, bons momentos. Andei a passear com o Brito[4], conversando generalidades a respeito do *Orpheu*. Jantei às 9 e meia. Fui para casa logo a seguir. Fumei muito menos, por força de vontade mas também por *efeito natural*

[1] *Os Ideais da Teosofia*, de Annie Besant, foi o segundo dos seis volumes traduzidos por Pessoa para a coleção «Teosófica e Esotérica» da Clássica Editora em 1915.

[2] Carolina Pinheiro Silvano era uma tia-avó de Pessoa, irmã das tias Rita e Maria, casada com António Maria Silvano.

[3] Raul Leal (1886-1964) foi colaborador de *Orpheu* e autor do incendiário opúsculo *Sodoma Divinizada* (1923), publicado por Pessoa na sua editora Olisipo.

[4] Provavelmente Francisco Mendes de Brito (1894-1971), poeta e redator da revista *Terra Nossa*, onde Pessoa publicou «A Ceifeira», em 1916.

do fumo. Um dia agradável, no seu todo (de manhã, além da boa notícia das *provas*, também uma notícia agradável na carta de Sá-Carneiro, quando se refere a Hermano Neves[1]).

17 — Dia ao mesmo tempo agradável desagradável. Recebi 10 dólares e fiquei com os pés completamente ensopados da chuva. Mas sem consequências graves. Tive de comprar um guarda-chuva, o que não estava nas minhas intenções.

18 — Dia sobretudo agradável. Noite social e agradável. Dia bastante vazio. (Tentado a não entregar os 5 dólares à tia Carolina.)

19 — Dia *perdido*; uma série de pequenas coisas desagradáveis — algumas atingindo a minha conhecida sensibilidade. Fui ao Franco e não escrevi carta nenhuma. — Andei todo o dia (até às 9 da noite) em estado de confusão mental. Ouvi observação desagradável (embora frívola) sobre mim por parte de uma amiga da engomadeira[2] (que não me era dirigida). Terminei a noite, primeiro com a tia Lisbela, depois com o Vilhena[3], o Ramos[4] e o Santa-Rita; foi mais agradável do que desagradá-

[1] Hermano Neves (1884-1929), escritor e jornalista.

[2] Pessoa alugava um quarto a uma engomadeira, na Rua de Dona Estefânia, 127, r/c.

[3] Júlio Marques de Vilhena (1845-1928) foi estadista e autor de obras históricas.

[4] Condiscípulo de Mário de Sá-Carneiro no liceu, Luís da Silva Ramos, mais conhecido como Luís de Montalvor (1891-1947), foi codiretor do primeiro número de *Orpheu*, diretor da revista *Centauro* (1916) e fundador da Ática, que empreendeu a edição das obras de Pessoa e Sá-Carneiro.

vel. Tendo recebido dinheiro para a tia Rita, algum dinheiro que era para lhe entregar (trocos) não foi entregue (embora a sua falta não tenha sido notada). Não foi desagradável.

20 — Dia vazio, dos que considero *perdidos*, mais agradável do que não.

21 — Igual ao de acima.

22 — Outra vez a mesma coisa, bastante agradável, especialmente à noite, em que estive muito lúcido e *conversador*. À *noite*, em semiconsciência, James.[1]

23 — Outra vez a mesma coisa. Trabalhei um pouco na tradução. O aperto financeiro do costume.

24 — Começou igual a ontem, mas melhorou à tarde (entre as 3 e as 5) quando ganhei 1 dólar que o Franco me pagou. A noite foi medianamente aprazível; clareza de espírito. Mas, ao ir para casa, cerca das 10h30, abateu-se sobre mim uma depressão considerável, tendo tido o desejo de a exprimir por escrito, mas sem conseguir fazê-lo

25 — Acordei com dores de garganta, mas passou. Um dia perdido mas não desagradável, exceto por sabê-lo perdido.

[1] Na margem direita, num apontamento que abrange os dias 20-22, lê-se: «laziness, no money at all» [preguiça, sem dinheiro nenhum].

26 — Um dia *místico*, bastante curioso. Encontrei o César Porto[1]. Conheci casualmente, (na verdade re-conheci, embora agora melhor), na Livraria Monteiro, Juan de Nogales[2], teósofo, apreciador do *Orpheu*, etc. Fiquei sem tempo para a tradução. Ao longo do dia e da noite tive 3 episódios de uma forma curiosa de tonturas — de *tipo físico abstrato*; mas estive todo o dia lúcido. Fumei muito e bebi muitos cafés. O Mário[3] deu-me algum dinheiro, que teve utilidade passageira, o que não é bom. O dia foi intensamente agradável, à exceção de ter sido perdido. À noite, conversa longa e bastante amena com o Leonardo Coimbra[4].

27 — Um dia ocioso, mais ou menos sem sentido. Encontro com o Nogales, mais ou menos interessante.

28 — Da parte da tarde, um ataque de gripe, com febre, ao começo da noite; por isso não pude ir a casa do António Silvano[5]. Com a febre, a partir da tarde, caiu sobre mim uma depressão extraordinariamente forte que me acompanhou até altas horas da noite. O dinheiro do Mário preocupou-me um pouco.

[1] Pedagogo, ficcionista e poeta (1873-1944).

[2] Juan (ou «Iván») de Nogales (1884-1929), natural da província de Salamanca, foi jornalista, espírita, esperantista e pintor.

[3] Mário Nogueira de Freitas, primo direito de Pessoa.

[4] Filósofo da Renascença Portuguesa e um dos seus dirigentes, Leonardo Coimbra (1883-1936) foi também professor e político. Publicou livros como *O Criacionismo* (1912), *A Morte* (1913) e *A Razão Experimental* (1923), todos na biblioteca de Pessoa.

[5] António Pinheiro Silvano, filho da tia-avó Carolina.

29 — Um dia mais ou menos animador e interessante. Subitamente resolvi a questão do dinheiro do Mário pedindo-lhe emprestados 10 dólares (+ para umas botas) até 7 de dezembro. A tradução chegou e era fácil. Estado ligeiramente febril, mas sem dores e muito ligeiro. Encontrei-me com o Leal e fiquei contente. À noite, no hotel, com a tia Lisbela, muito agradável; fiz olhinhos a uma rapariga bastante engraçada, que pareceu interessada em mim. Senti que lhes causei boa impressão (a ela e talvez à irmã), embora pouco tenha dito... O Imperador, ai de mim!...

30 — Dia praticamente desperdiçado, ainda que agradável, porque, apesar de uns chuviscos, o céu esteve azul e bonito, e porque a vida prosseguiu agradavelmente. À noite fiquei satisfeito por ouvir logo duas referências (do Côrtes-Rodrigues e do Perdigão[1]) ao facto de eu estar bem-vestido (ai! eu!) e passei 1 hora e meia agradável no hotel continuando a trocar olhares (que me eram retribuídos) com a rapariga (17 anos, excelente) e pareceu-me que lhes agradava, a ela, à irmã e até à mãe, que é surda. Falei-lhe com bastante à vontade, fitando-a olhos nos olhos. Ai de mim!...

[1] José de Azeredo Perdigão (1896-1993) nasceu em Viseu, estudou em Coimbra e radicou-se depois em Lisboa, sendo um dos fundadores da *Seara Nova*, e, mais tarde, presidente muitos anos da Fundação Gulbenkian.

1 — Outro dia perdido. Dia dominado por uma depressão muito forte e sensações de angústia, especialmente à tarde. Todas as coisas dos dias anteriores produziram uma agitação angustiante. Acalmei-me um pouco à noite, mas quando fui a casa do Henrique Rosa desconfiei sempre que podia acontecer alguma coisa má, baseando essa desconfiança na carta de minha mãe em que dizia estar muito deprimida. Fiz um grande esforço para não ir ao Hotel.

2 — Um dia de imenso trabalho no escritório a redigir circulares. Por isso mesmo, um dia não desagradável, até à noite. De mente bastante confusa à noite, devido ao trabalho. Fiquei sem paciência para me encontrar com o espanhol. Fui a casa do Henrique Rosa e tudo correu de forma excelente. Depois fui à Brasileira, onde o Júlio de Vilhena entornou um copo de água por cima de mim enquanto gesticulava. Segui depois para o Hotel onde falei com bastante desenvoltura e entusiasmo (com observações engraçadas contra as teorias da rapariga); foi agradável, mas a influência interior do Imperador causou-me grande agitação. Penso que a rapariga ficou admirada com a minha lentidão. Uma rapariga curiosamente acanhada, sem dúvida. Vim-me embora à meia-noite e um quarto e fui para casa em parte ao longo da Avenida, com uma depressão muito forte.

3-4-5 — Nada fora do vulgar nestes dias, que decorreram de forma bastante agradável, com exceção do pouco trabalho feito e da ausência de visitas ao hotel. — No Domingo (dia 5), depois do risco de ficar sem refeições, que foi ultrapassado, porque, estando a chover, comi apenas uma refeição o dia todo, só saí à noite e regressei sem chuva. Continuou a chover nessa noite; dormi e tive dificuldade em trabalhar.

6 — Dia desagradável, porque apanhei com chuva torrencial, fato engelhado, tive de esperar meia hora num vão de porta, etc., e também porque a tradução progrediu muito pouco. Contudo, uma breve visita durante o dia ao hotel correu bem, porque só pude ficar muito pouco tempo (por ter de voltar ao escritório) e, portanto, não me aborreci, além de que a doçura da rapariga não tinha desaparecido de todo, apesar da minha ausência de três dias. A tia Lisbela pensou que isso se devia a ter ficado ofendido por ela me ter «posto na rua», na brincadeira, umas noites antes... Achei divertido e agradável ela ter pensado que uma coisa dessas era possível, e ter-se preocupado. — Uma depressão enorme à noite, quase sem dinheiro e muito deprimido. De tal forma que, por causa disso, comecei a escrever carta ao Sá-Carneiro e interrompi-a por falta de vontade de escrever. (Passei também muito tempo à espera do Guisado[1], e ele não apareceu).

[1] Alfredo Guisado (1891-1975), jornalista, político, crítico literário e poeta. Fez parte do grupo que fundou a *Orpheu*, revista na qual colaborou com um conjunto de sonetos.

7 — Melhor, bem melhor. Antes do mais, melhor o próprio dia. Depois trabalhei bastante bem, tanto na tradução como no escritório (15 cartas). Nem sinais de depressão; antes o começo de pensamentos claros, ocultistamente antiteosóficos. O Vitoriano Braga falou-me, de manhã, no desejo do Coelho de Carvalho[1] de que eu traduza o *Fausto*; mas, infelizmente!, o pagamento é hipotético e só após o trabalho feito!

NOVEMBER 1915

3[2] — Rather good day; began with reception of J[ohn] Lane's card (insignificant but agreeable); A. Sousa, without my asking him again, gave the 10 dollars; could work little, though, partly because many letters in office. Read well at night. At night James. Stomach ache nearly all day from breakfast till a little after dinner.

4 — Neither good nor bad day. Worked very well, translating 23 pages. On the whole, calm and therefore not bad. Only disagreeable thing day being rainy and my suffocation that it thundered once.

5 — Colourlessly agreeable day. Thunder at night, but at home and not much; hardly affected. Finished translation.

[1] Joaquim José Coelho de Carvalho (1855-1934), dramaturgo, tradutor e reitor da Universidade de Coimbra durante alguns meses em 1919.

[2] Os dois primeiros dias deste diário são escritos em português.

6 — Ditto. Received money for translation. Thunder at night, but same as above. Foresaw its possible coming in street and did not go to Estrela. Mental activity at night.

7 — Quiet day. Agreeable. Quiet at home. Good mental activity in the afternoon.

8 — Disagreeable morning; in doubts as to things at Estrela, consoled myself with astrological thought that no real harm could happen. Rain, but raincoat. — Feverish in afternoon. At night visited tia Lisbela (had received her message in afternoon) — Her presence a good promise.

9 — Lucrative day. Morning breakfasted with Pires de Lima and heard him read good poems. — Afternoon at Franco's; earned 2 dollars. — Some English books arrived at Livraria Inglesa.

10 — A spoilt day, did nothing of what was intended. Yet day not disagreeable. Ended at Aunt Lisbela's hotel and at Brasileira.

11 — Day neither agreeable nor disagreeable, though not much profited by.

12 — Characterless day, rather disagreeable than otherwise. Did an impulsive and foolish thing in buying a book, with little money left. Went to Franco's office to do only one letter...

13 — Characterless also, but more agreeable than not.

14 — Well up to 1. After that I breakfast, with reasons slightly hazy in mind, from 4 to 6 clear enough, and agreeable talking. At 6 met V[itoriano] B[raga], wife, Pacheco and Almada. Thence went to portrait exhibition; idea disagreeable, but time passed very agreeably, after all. Went home, with Pacheco, very agreeably; at home without dinner, because no money; but almost not worried thereby, since had taken some wine at Pedro de Lima's exhibition. During day (1-4) swift and unexpected literary creation (Ant[ónio] Gomes pamphlet on Univ[ersity] of Lisb[on] — parts); at night, in bed, difficulty in sleeping, owing to mental excitement, with very accentuated feelings of *angoisse*. Slept at 1, however; having arrived at home at 9 and gone to bed at 10.

15 — Morning began with small disillusion: negative answer from Guimarães & Co. (but good because of incompleteness of pamphlet). Day ran on fairly agreeably, with curious small (but subjective) "suspicions" of even slight importance. Between 2 and 4 p.m. received unex-

pectedly 1½ dollars from Lomelino, for typing his translations. Day ended well; at the Hotel with Aunt Lisbela; I with excellent disposition and talkative, made myself agreeable to her and niece, evidently. In early morning 16 (about between 2 and 5) great mental excitement, excellent and important philosophical ideas, completing part my system. Physically uncomfortable, flatulence. Mixture of megalomania and religious ideas (in no way attacking lucidity). Slept at 5½ till about 11 of 16th. This night bit was a remarkable one for mental action. (On coming home at about 11½ p.m. I had had slight anxious "spirit" terrors.)

16 — Got up late, near 11 a.m., as above. Up to about 4 was ever more or less hazy on account of this. At office good thing: *last* proofs of *Id[eals] of Th[eosophy]* had arrived: hence solution Aunt Car[olina]'s question. These proofs, unexpected, wearing. — Could not receive money that evening, however, having arrived necessarily late. — Read Caeiro and R. Reis to Raul Leal: he seemed to like very much and to understand: so good moments. Walked about with Brito, talking aimlessly about *Orpheu*. Dined at 9½. Home immediately after. Smoked far less, by will, and by *natural effect* of it. On the whole an agreeable day. (In morning, besides good news in *proofs*, also agreeable news in Sá-Carneiro's letter, where it refers to Hermano Neves).

17 — Day mixedly agreeable and disagreeable. Received 10 dollars and got tremendously wet in feet with rain. But no bad consequence. Had to buy umbrella, though did not wish it.

18 — Rather agreeable day than otherwise. Night social and agreeable. Day rather empty. (Tempted not to hand over the 5 dollars to Aunt Car[olina].)

19 — Day *lost*; a series of little disagreeable things — some hitting my old sensibility. Went to Franco's and no letters done. — Was all day (up to 9 p.m.) more or less hazy. Heard disagreeable (though trifling) observation *re* self from iron woman's friend (not to me). End of night, first with Aunt Lisbela, then with Vilhena, Ramos and Santa-Rita, rather agreeable than otherwise. In receiving money for Aunt Rita, some cash to hand over (change) not handed over (though not noticed missing). Not disagreeable.

20 — Empty day, of the *lost* kind, rather agreeable than otherwise.

21 — Same as above.

22 — Same kind of thing, rather agreeable, especially at night, when was very lucid and *easy* in talk. At *night*, in semiconsciousness, James.

23 — Same kind of thing. Worked a little on translation. Same financial fix.

24 — Began same as above, but bettered in afternoon (between 3 and 5) when earned 1 dollar from Franco. The night was merely pleasant; mind clear. But, on going home (about 10:30) a considerable depression fell on me, a wish to express it in writing but an incapacity to do so.

25 — Awoke with sore throat, but this passed. A day lost and not disagreeable, except in so far as known as lost.

26 — A very curious, *mystical* day. Met César Porto. Made the acquaintance (really reacquaintance, though better now), casually, at Livraria Monteiro, of Juan de Nogales, the theosophist, liker of *Orpheu*, etc. Lost all time for translation. Had 3 times during day and night fits of a curious form of dizziness — an *abstract physical kind*; but was all day lucid. Smoked a lot and drank a lot of coffee. Mário handed over some money, which was of temporary use, though this is bad. The day was intensely agreeable, except as lost. At night, long and very pleasant conversation with Leonardo Coimbra.

27 — A lazy day, more or less meaningless. Meeting with Nogales more or less interesting.

28 — From afternoon onward an attack of grippe with fever as night set in; so could not go to António Silvano's. With this fever from afternoon on an extraordinarily great depression which weighed on me well to night. Mario's money worried me a little.

29 — A more or less happy and interesting day. Suddenly solved question of Mário's money by borrowing from him 10 dollars (+ for boots) till 7th Dec. The translation came in, which was easy. A slightly fervent state, but not hurtful, and very slight. Met Leal and was glad. At night with Aunt Lisbela at hotel, very pleasant; made eyes with a rather interesting girl, who seemed to like me. Felt myself agreeable to them (her and perhaps a sister), though I said little... The Emperor, alas!...

30 — Day practically wasted, yet agreeable, both because, in spite of a little rain, the sky was blue and fine, and because life ran agreeably. At night was pleased to hear two different references (Côrtes-Rodrigues and Perdigão) to my being well-dressed (Oh! me!) and passed a pleasant 1½ hours at hotel making still more eyes (and exchanging) with the girl (17 years old, excellent) and seemed agreeable to her, her sister and even her deaf mother. Spoke to her quite easily and at her eyes even. Alas!...

1 — A lost day also. Day mixed up with very strong depression and feelings of angoisse, especially in the afternoon. All the things of preceding days caused an unrest that was anguishing. Calmed a little at night but was always under a suspicion that something bad might happen when I went to Henrique Rosa's, basing this suspicion upon mother's letter saying she was very depressed. Forced myself not to go to Hotel.

2 — A day of immense office work, doing circulars. But therefore a day not disagreeable, up to the night. Rather hazy in mind at night on account of work. Had no patience to meet the Spaniard. Went to Henrique Rosa and all ran in a most excellent manner. Then to Brasileira where Júlio de Vilhena spilt a glass of water over me by gesticulation. Then to Hotel where I talked rather easily and strongly (blaguing on themes against the girl's theories); the thing was agreeable but the Emperor innerness caused a great unrest. I think the girl wondered at my slowness. Curiously self-conscious girl she is. Came away at 12¼ and went home in part along Avenida, in very strong depression.

3-4-5 — Nothing very peculiar about these days, which occurred agreeably enough save little work done and no visits to hotel. — On Sunday (5th) after risk of no meals, which passed away, because, it raining, I ate a total meal for whole day at home, went out at night and came back without rain. Rained afterward on Sunday; sleep and hindrances to work.

6 — Disagreeable day because had a lot of heavy rain on me, crumpling suit, had to wait half an hour in a doorway, etc., and also because translation progressed very little. Yet a short visit during the day to the hotel was good because had to stop very little (owing to return to office), and thus not bored, and the little girl's sweetness was not all gone, yet my absence was 3 days'. Aunt Lisbela had thought it was on account of my being offended with her at "pôr-me na rua" playfully several nights before… This amusing and agreeable, because of her thinking that possible and worrying at it. — A very great depression at night, hardly any money and very much depressed. So much that, on strength of it began writing letter [to} Sá-Carneiro and interrupted it, through lack of will to write. (Also waited for Guisado long time, and he did not appear.)

7 — Better, better. Day better, first. Then worked fairly well, both translation and office (15 letters). No depression; rather the beginning of clear thought, occultistly antitheosophical. Vitoriano Braga, in morning, spoke to me of Coelho de Carvalho's wish for me to translate *Faust*; but, alas!, gain is hypothetical and afterwards!

◆

[CARTA A SÁ-CARNEIRO DE 6-12-1915]

Meu querido Sá-Carneiro:

Como lhe escrevo esta carta, antes de tudo, por ter a necessidade psíquica absoluta de lha escrever, você desculpará que eu deixe para o fim a resposta à sua carta e postal hoje recebidos, e entre imediatamente naquilo que ficará o assunto desta carta.

Estou outra vez presa de todas as crises imagináveis, mas agora o assalto é total. Numa coincidência trágica, desabaram sobre mim crises de várias ordens. Estou psiquicamente *cercado*.

Renasceu a minha crise intelectual, aquela de que lhe falei, mas agora renasceu mais complicada, porque, à parte ter renascido nas condições antigas, novos fatores vieram emaranhá-la de todo. Estou por isso num desvairamento e numa angústia intelectuais que você mal imagina. Não estou senhor da lucidez suficiente para lhe contar as coisas. Mas, como tenho necessidade de lhas contar, irei explicando conforme posso.

A primeira parte da crise intelectual, já você sabe o que é; a que apareceu agora deriva da circunstância de eu ter tomado conhecimento com as doutrinas teosóficas. O modo como as conheci foi, como você sabe, banalíssimo. Tive de traduzir livros teosóficos. Eu nada, absolutamente nada, conhecia do assunto. Agora, como é natural, conheço a essência do sistema. Abalou-me a um ponto que eu julgaria hoje impossível, tratando-se de qualquer sistema religioso. O carácter extraordinariamente vasto desta religião-filosofia; a noção de força, de domínio, de conhecimento *superior* e extra-humano que ressumam as obras teosóficas, perturbaram-me muito. Coisa idêntica me acontecera há muito tempo com a leitura de um livro inglês sobre *Os Ritos e os Mistérios dos Rosa-Cruz*[1]. *A possibilidade de que ali, na Teosofia, esteja a verdade real me «hante»*. Não me julgue você a caminho da loucura; creio que não estou. Isto é uma crise grave de um espírito *felizmente* capaz de ter crises destas. Ora, se você meditar que a Teosofia é um sistema ultracristão — no sentido de conter os princípios cristãos elevados a um ponto onde se fundem *não sei em que além-Deus* — e pensar no que há de fundamentalmente incompatível com o meu paganismo essencial, você terá o primeiro elemento grave que se acrescentou à minha crise. Se, depois, reparar em que a Teosofia, porque admite todas as religiões, tem um carácter inteiramente parecido com o do paganismo, que admite no seu panteão todos os deuses, você terá o segundo elemento da minha grave crise de alma. A Teosofia apavora-me pelo seu mistério e pela sua grandeza ocultista, repugna-me pelo seu humanitarismo e *apostolismo* (você compreende?) essenciais, atrai-me por se parecer tanto com um «paganismo transcendental» (é este o nome que eu dou

[1] *The Rosicrucians, Their Rites and Mysteries*, de Hargrave Jennings, publicado em 1870. Pessoa possuía a quarta edição do livro (1907).

ao modo de pensar a que havia chegado), repugna-me por se parecer tanto com o cristianismo, que não admito. É o horror e a atração do abismo realizados no além-alma. Um pavor metafísico, meu querido Sá-Carneiro!

Você seguiu bem todo este labirinto intelectual? Pois bem. Repare que há outros dois elementos que ainda mais vêm complicar o assunto. Quero ver se consigo explicar-lhos lucidamente...

◆

[CARTA A SÁ-CARNEIRO DE 14-3-1916]

Meu querido Sá-Carneiro:

Escrevo-lhe hoje por uma necessidade sentimental — uma ânsia aflita de falar consigo. Como de aqui se depreende, eu nada tenho a dizer-lhe. Só isto — que estou hoje no fundo de uma depressão sem fundo. O absurdo da frase falará por mim.

Estou num daqueles dias *em que nunca tive futuro*. Há só um presente imóvel com um muro de angústia em torno. A margem de lá do rio nunca, enquanto é a de lá, é a de cá; e é esta a razão íntima de todo o meu sofrimento. Há barcos para muitos portos, mas nenhum para a vida não doer, nem há desembarque onde se esqueça. Tudo isto aconteceu há muito tempo, mas a minha mágoa é mais antiga.

Em dias da alma como hoje eu sinto bem, em toda a minha consciência do meu corpo, que sou a criança triste em quem a Vida bateu. Puseram-me a um canto de onde se ouve brincar. Sinto nas mãos o brinquedo partido que me deram por uma ironia de lata. Hoje, dia catorze de março, às nove horas e dez da noite, a minha vida sabe a valer isto.

No jardim que entrevejo pelas janelas caladas do meu sequestro, atiraram com todos os balouços para cima dos ramos de onde pendem; estão enrolados muito alto; e assim nem a ideia de mim fugido pode, na minha imaginação, ter balouços para esquecer a hora.

Pouco mais ou menos isto, mas sem estilo, é o meu estado de alma neste momento. Como à veladora do *Marinheiro*, ardem-me os olhos, de ter pensado em chorar. Dói-me a vida aos poucos, a goles, por interstícios. Tudo isto está impresso em tipo muito pequeno num livro com a brochura a descoser-se.

Se eu não estivesse escrevendo a você, teria que lhe jurar que esta carta é sincera, e que as coisas de nexo histérico que aí vão saíram espontâneas do que me sinto. Mas você sentirá bem que esta tragédia irrepresentável é de uma realidade de cabide ou de chávena — cheia de aqui e de agora, e passando-se na minha alma como o verde nas folhas.

Foi por isto que o Príncipe não reinou. Esta frase é inteiramente absurda. Mas neste momento sinto que as frases absurdas dão uma grande vontade de chorar.

Pode ser que se não deitar hoje esta carta no correio amanhã, relendo-a, me demore a copiá-la à máquina, para inserir frases e esgares dela no *Livro do Desassossego*. Mas isso nada roubará à sinceridade com que a escrevo, nem à dolorosa inevitabilidade com que a sinto.

As últimas notícias são estas. Há também o estado de guerra com a Alemanha, mas já antes disso a dor fazia sofrer. Do outro lado da Vida, isto deve ser a legenda duma caricatura casual.

Isto não é bem a loucura, mas a loucura deve dar um abandono ao com que se sofre, um gozo astucioso dos solavancos da alma, não muito diferentes destes.

De que cor será sentir?

Milhares de abraços do seu, sempre muito seu

Fernando Pessoa

P.S. — Escrevi esta carta de um jato. Relendo-a, vejo que, decididamente, a copiarei amanhã, antes de lha mandar. Poucas vezes tenho tão completamente escrito o meu psiquismo, com todas as suas atitudes sentimentais e intelectuais, com toda a sua histeroneurastenia fundamental, com todas aquelas intersecções e esquinas na consciência de si próprio que dele são tão características…

Você acha-me razão, não é verdade?

♦

[CARTA A SÁ-CARNEIRO DE 26-4-1916]

Meu querido Sá-Carneiro:

Recebi, como lhe disse no meu postal de ontem, as suas cartas de 17 e 18, assim como a carta para o Santa Rita, que ontem entreguei ao irmão, ao encontrá-lo na Rua do Ouro.

Você há de ter estranhado o tempo que eu tenho levado para lhe escrever. É possível que se tenha, até, ofendido um pouco comigo. Peço-lhe, por amor de Deus, que o não faça. Eu vou explicar-lhe tudo, e a explicação é bem compreensível.

Eu tenho tido, com efeito, bastante que fazer. Tenho tido, é certo, várias pequenas coisas a tomarem-me muitos pequenos bocados de tempo. Mas não é por isto que eu lhe não tenho escrito como eu próprio desejaria ter feito.

Em primeiro lugar, tenho o espírito feito em trapos por uma série de grandes apoquentações que me atacaram, e em parte atacam, simultaneamente. Você sabe bem qual o efeito desorientador de uma acumulação de pequenas arrelias. Imagine qual será o efeito de uma acumulação de *grandes* apoquentações. *Uma* grande apoquentação, *só uma*, não chega, muitas vezes, a valer, para o efeito de nos dispersar e banir de nós, sete ou oito ralações mínimas? Mas olhe que uma junção de arrelias grandes opera muito mais desastradamente sobre nós.

De há meses para cá que tenho a pesar sobre mim a doença gravíssima de minha mãe. Ela teve aquilo a que se chama vulgarmente um «insulto apoplético» e ficou com uma paralisia em todo o lado esquerdo do corpo. Vai melhorando

— segundo as cartas que recebo — mas tão lentamente, tão incertamente, que eu nunca posso tirar do meu espírito a pressão fria da incerteza a respeito dela. Já esta angústia, hoje consubstanciada comigo, me apoquenta e me desvaira.

Acrescente-se-lhe o grande sofrimento que você — sem o querer, é claro — me causou com a sua terrível crise. Não sei se você avalia bem até que ponto eu sou seu amigo, a que grau eu lhe sou dedicado e afeiçoado. O facto é que a sua grande crise foi uma grande crise minha, e eu senti-a, como já lhe disse, não só pelas suas cartas, como, já de antes, telepaticamente, pela «projeção astral» (como eles dizem) do seu sofrimento.

Acrescente a estas duas graves razões para eu me apoquentar esta outra — que, à parte tudo aquilo, estou atravessando agora uma das minhas graves crises mentais. E imagine você que, para isto não ser tudo, essa crise mental é de várias espécies ao mesmo tempo, e por diversas razões.

Sobreponha, agora, a isto tudo uma pressão de trabalho — não de um género, mas de várias espécies.

Você calcula bem o que tem sido o resultado de tudo isto... Tenho desleixado tudo, fazendo só aquele trabalho que é absolutamente impossível não fazer. Tenho atrasado o meu trabalho de traduções. Há mais de um mês que tenho para traduzir um livro de 100 páginas pequenas, que, normalmente, eu traduziria em 5 dias. E ainda não tenho traduzidas senão 30 páginas! Vão sempre tarde as minhas cartas para minha família. Para você, você já sabe o que tem sido. É assim com tudo, numa fúria absurda de perder tempo, de navegar pela costa do Inútil, e outras metáforas análogas — que todas são poucas para o que hoje vivo.

Isto serve para justificar a minha demora em escrever-lhe. Mas o facto de esperar ansiosamente notícias suas, para lhe escrever mais calmamente, tem, também, contribuído um pouco para esta demora. Peço-lhe, meu querido Sá-Carneiro, milhares de desculpas. Mas isto não podia ter sido senão assim.

◆

Eis-me, então, no meu 28.º aniversário sem nada ter feito na vida — nada na vida, nas letras ou em relação à minha própria individualidade. Até agora só conheci o insucesso absoluto. Durante quanto tempo, ai de mim!, ainda terei de viver com ele?

Quanto mais examino a minha consciência, menos me absolvo do nada que é a minha vida.

Que coisa horrível é esta que tanto me retarda?

As minhas leituras deficientes, a minha falta de sentido prático, a minha □

> I have, thus, arrived at my 28th year with nothing done in life — nothing in life, in letters or in my own individuality. I have tasted failure to the full up to now. How longer must I taste it, alas?

The more I examine my conscience, the less I acquit myself of the nothingness of my life.

What horrific thing is this that has so delayed me?

My deficient reading, my lack of practical spirit, my □

13-6-1916

♦

[CARTA A ARMANDO CÔRTES-RODRIGUES DE 4-9-1916]

Meu querido Côrtes-Rodrigues:

Se você tem estado desterrado, eu sem desterro também o tenho estado. Você não imagina! Tenho passado estes últimos meses a passar estes últimos meses. Mais nada, e uma muralha de tédio com cacos de raiva em cima. Agora estou numa fase melhor, com episódicas antemanhãs de ser-eu-verdadeiramente. Uma longa história de Depressão, com detalhes lentes-de-aumentar vindas do Exterior… Enfim…

Não me sobra o tempo para lhe relatar por que gradações de mim-e-as-coisas se me infiltrou este mal-de-viver. Mas alguns factos marcam estádios na minha depressão: uma grave doença de minha mãe, que a levou até à possibilidade da morte, mas de que hoje, felizmente, parece estar de todo salva; o suicídio do Sá-Carneiro; a loucura do

Cunha Dias[1] (um rapaz meu antigo amigo, muito falador e vivo, que você várias vezes deve ter visto na Brasileira) — tudo isto e eu... Intercaladamente, várias coisas de menor importância, mas adquirindo relevo por eu estar com relevo para as sentir; fenómenos nem-bons-nem-maus, mas ao princípio perturbadores, como o aparecimento em mim de fenómenos de mediunidade... Isto tudo e a Vida...

De modo que as únicas notícias que lhe posso dar de mim é que não, mas agora melhor. (A frase é exatamente assim, por o meu privilégio de não me exprimir.)

Estou agora saindo de um período de esterilidade literária quase total, período que tem durado muito. Estou-me reconstruindo. Quando tornar a escrever-lhe — o que será para a outra mala — espero poder dar-me por RECONSTRUÍDO EM SETEMBRO DE 1916. Além disso, vou fazer uma grande alteração na minha vida: vou tirar o acento circunflexo do meu apelido. Como (nas circunstâncias adiante indicadas) vou publicar umas coisas em inglês, acho melhor desadaptar-me do inútil, que prejudica o nome cosmopolitamente.

♦

[1] Em agosto de 1916, Alberto da Cunha Dias — mencionado atrás, no diário de 1913 — foi compulsivamente internado num hospital psiquiátrico, pois o seu pai o julgava mentalmente insano, em parte por ter acusado a mulher de adultério com base na astrologia, sendo Pessoa um dos astrólogos que ele costumava consultar. Só escapou do cativeiro no início de outubro.

Por mim, o meu egoísmo é a superfície da minha dedicação. O meu espírito vive constantemente no estudo e no cuidado da Verdade, e no escrúpulo de deixar, quando eu deixar a veste que me liga a este mundo, uma obra que sirva o progresso e o bem da Humanidade.

Reconheço que o sentido intelectual que esse Serviço da Humanidade toma em mim, em virtude de meu temperamento, me afasta, muitas vezes, das pequenas manifestações que em geral revelam o espírito humanitário. Os atos de caridade, a dedicação por assim dizer quotidiana são cousas que raras vezes aparecem em mim, embora nada haja em mim que represente a negação delas.

Em todo o caso, reconheço, em justiça para comigo próprio, que não sou mais egoísta que a maioria dos indivíduos, e muito menos o sou que a maioria dos meus colegas nas artes e nas letras. Pareço egoísta àqueles que, por um egoísmo absorvente, exigem a dedicação dos outros como um tributo.

♦

PLANO DE VIDA

Um plano geral de vida deve implicar, em primeiro lugar, a obtenção de uma certa estabilidade financeira. Estabeleci como limite mínimo necessário para essa coisa humilde a que chamo estabilidade financeira cerca de sessenta dólares, quarenta para as coisas necessárias da vida e vinte para as coisas supérfluas. A forma de o conseguir é adicionar aos trinta e um dólares pagos pelos dois escritórios (Pinto & Frederico Ferreira[1]) mais vinte e nove dólares, cuja origem terá ainda de ser determinada. Em rigor, só para viver à justa, cinquenta dólares chegariam, pois tomando trinta e cinco como base necessária, quinze cobririam o resto.

A prioridade seguinte é arranjar uma casa que tenha bastante espaço, uma boa área e bem distribuída, para arrumar todos os meus papéis e livros na ordem devida; e tudo isto não havendo grande possibilidade de me mudar nos tempos mais próximos. A ideia melhor, aparentemente, seria alugar uma casa — por uns oito dólares, ou nove, no máximo — e aí viver à vontade, pedindo que lá me levassem o jantar (e o pequeno-almoço) todos os dias, ou algo do género. — Mas seria isso verdadeiramente conveniente?

Substituir, a fim de ordenar os papéis, a minha caixa grande por outras mais pequenas, onde os poria pela ordem da sua importância. A caixa grande e a outra que está em casa do António Silvano ficariam apenas para os jornais e revistas que quero guardar.

Se alugar uma casa, que mobília? Não seria melhor combinar de novo as coisas com o Sengo[2] de modo a obter o que preciso, mudando-nos nós, caso venha a ser necessário?

Seja o que o Destino quiser.

[1] Pessoa trabalhou intensamente para A. Xavier Pinto e para várias firmas de que Frederico Ferreira era sócio. São testemunho deste facto a presença, no seu espólio, de muitas folhas timbradas com estes nomes.

[2] Pessoa, em 1916, viveu durante uns meses na Rua Almirante Barroso, num quarto de Manuel António Sengo, mudando no final do ano para a Rua Cidade da Horta, onde alugou dois quartos do mesmo senhor Sengo.

PLAN OF LIFE

A general plan of life must involve, in the first place, the obtaining of a financial stability of some kind. I put the limit needed for the humble thing I call financial stability at about sixty dollars, forty being for the necessary, and twenty for the superfluous, things of life. The way to obtain this is to add to the thirty-one dollars from the two offices (P[into] & F[rederico] F[erreira]) twenty-nine other dollars, origin of which is to be determined. Rigorously, to just live, fifty dollars would do, for taking thirty-five as a necessary basis, fifteen would cover the rest.

The next essential thing is to fix on a residence where there would be enough room, both room-space and room-convenience, to lodge all my papers and books with due order; and all this without a very large possibility of moving in a short time. It seems that the easiest thing to do would be to hire a house myself — on some basis like eight, or at most nine, dollars — and live there at ease, having dinner carried there (and breakfast) each day, or something of the kind. — But would this be quite convenient?

Substitute, in respect to order of papers, my big box by smaller boxes, containing the papers in order of their importance. The big box and the other one at A[ntónio] S[ilvano]'s to contain the mere newspapers and reviews I keep.

If a house is let, what furniture? Would it not be better to rearrange things with S[engo] so as to obtain this I require, we to move if needed for this end?

Which way Fate desire it, that way it shall be.

◆

[PLANO DE VIDA DO TEMPO DE COSMÓPOLIS][1]

Reorganizar a minha vida pessoal tendo em consideração o seguinte: (a) Pagar todas as dívidas e começar nova vida com base nestes pressupostos: 5 mil dólares são suficientes para resolver a questão totalmente; (b) alugar uma casa fora de Lisboa — em Cascais, por exemplo — e levar para lá todos os meus pertences, pondo a Emília[2] a tomar conta dela e ficando assim com a sua vida organizada, sem

[1] Cosmópolis foi o nome que Pessoa deu a uma megaempresa cujo objetivo era fortalecer a cultura e o comércio portugueses e, ao mesmo tempo, promovê-los no estrangeiro, sobretudo em Inglaterra. Incluía um Grémio de Cultura Portuguesa, uma Companhia de Produtos Portugueses e, ainda, uma «escola de organização» chamada Athena. Este ambicioso projeto daria lugar a Olisipo, uma mais modesta empresa que existiu como agência comercial a partir de 1920, tornando-se depois uma pequena editora, ativa entre 1921 e 1923, que publicou Almada Negreiros, António Botto, Raul Leal e o próprio Pessoa.

[2] Dona Emília era uma governanta que serviu Pessoa na Rua Bernardim Ribeiro (1917-1918) e na Rua Santo António dos Capuchos (1918-1919). Tanto ela como Claudina, a filha que tivera do Sr. Manuel A. Sengo (ver nota ao texto anterior), viveram com Pessoa.

receios nem preocupações; (c) organizar as coisas em Londres de modo a que não tenha necessidade de lá viver; (d) antes de me mudar, classificar e ordenar todos os meus papéis, de modo a que a minha obra literária possa adquirir clareza e uma direção precisa; (e) pôr num plano de perfeito paralelismo a minha vida prática e a minha vida especulativa, de modo a que a primeira nunca possa prejudicar a segunda, à qual está, por mais alto imperativo, subordinada.

My personal rectification of life in view of this: (a) Pay all debts and set life clear on this new footing: 5 thousand dollars will do this completely; (b) hire a house outside Lisbon — e.g. Cascais — and put all my belongings there, leaving Emília in charge and her life arranged for without her having to care or fear; (c) so organize things in London, that there may be no need of my living there; (d) before going, classify and sort all my papers, so my literary work may take on clearness and a straight aim; (e) organize in perfect parallelism my practical and my speculative life, so the first may never harm the second, to which it is by higher duty subordinate.

1919

◆

[CARTA A HECTOR E HENRI DURVILLE[1] DE 10-6-1919]

Ex.mos Senhores:

Peço o favor de me enviarem — na volta do correio, se possível — os vossos catálogos completos, bem como informações sobre o Instituto do Magnetismo e do Psiquismo Experimental, e sobretudo sobre o curso por correspondência de magnetismo pessoal.

Talvez seja mais fácil darem-me informações mais exatas, se, pela minha parte, vos esclarecer, desde já, sobre aquilo que pretendo e porquê. Vou, pois, fornecer-vos os elementos preliminares de que certamente necessitarão para me responderem. É inútil explicar que tudo isto tem apenas a ver com o meu pedido de informações sobre o curso por correspondência ao qual acabo de fazer referência.

Quero desenvolver, tanto quanto possível, o que possa ter de magnetismo pessoal, e quero desenvolvê-lo para dar, se é que isso é possível, uma *coordenação direcional exterior* à minha vida. Isto, dito assim, é um pouco complicado, mas espero torná-lo mais claro por meio das explicações que se seguem. Informar-vos-ei em primeiro lugar, acerca do meu temperamento, e em seguida acerca dos meus conhecimentos (aliás, muito fracos) a respeito do magnetismo.

Do ponto de vista psiquiátrico, sou um histeroneurasténico, mas, felizmente, a minha neuropsicose é bastante

[1] Hector Durville e o seu filho Henri eram diretores do parisiense *Journal du Magnétisme* e grandes especialistas em magnetismo terapêutico.

fraca; o elemento neurasténico domina o elemento histérico, e isso faz com que não tenha sinais histéricos exteriores — nenhuma necessidade de mentir, nenhuma instabilidade mórbida nas relações com os outros, etc. A minha histeria é apenas interior, e apenas minha; na minha vida comigo mesmo tenho toda a instabilidade de sentimentos e de sensações, toda a oscilação de emoção e de vontade que caracterizam a nevrose proteiforme. Exceto nas coisas intelectuais em que cheguei a conclusões que tenho por seguras, mudo de opinião dez vezes por dia; não tenho o espírito assente senão em coisas onde não há possibilidade de emoção. Sei o que pensar de tal doutrina filosófica, de tal problema literário; nunca tive uma opinião firme sobre qualquer dos meus amigos, sobre qualquer forma da minha atividade exterior.

Cerebral interior, como a maior parte dos neurasténicos-natos, domino, contudo, quase sempre os resultados exteriores, ou dinâmicos, destas manifestações íntimas. É preciso que eu esteja ou muito fatigado, ou muito emocionado, para que a minha emotividade se exteriorize. O meu humor é *exteriormente* igual: estou quase sempre calmo e alegre diante dos outros. Enquanto tal, e porque está sob o meu controlo, a minha emotividade não me faz mal; até gosto muito dela porque me é útil para a vida literária que levo ao lado da minha vida prática. Cultivo mesmo, com um cuidado um tanto decadente, estas emoções tão vivas quanto subtis de que é feita a minha vida interior. Aí não quero mudar nada. O mal não é esse.

Já viram certamente onde está o ponto fraco; um temperamento tal como o que vos descrevi é atingido profundamente, não na emoção, não na inteligência, mas na vontade. A vontade sofre pelo lado da emoção e pelo lado da inteligência; refiro-me à emoção tal como a tenho, e à inteligência tal como a possuo. A emotividade excessiva perturba a vontade; a cerebralidade excessiva — a inteligência demasiado virada para a análise e para o raciocínio — esmaga e diminui esta vontade que a emoção acaba de perturbar. Donde a para- e a a-bulia. Quero sempre fazer, ao mesmo tempo, três ou quatro coisas diferentes; mas, no fundo, não somente não as faço, como não quero mesmo fazer nenhuma delas. A ação pesa sobre mim como uma condenação; agir, para mim, é violentar-me.

Tudo o que em mim é exclusivamente intelectual é muito forte, e até muito são. A vontade inibidora, que é a vontade intelectual, é muito firme em mim; tenho, mesmo sob solicitações muito fortes da emoção, a força *de não fazer*. É a vontade de ação, a vontade sobre o exterior, que me falta; é *fazer* que me é difícil.

Vejamos bem o problema. É a concentração que é a substância de toda a vontade. Só tenho concentração intelectual, isto é, no raciocínio. Quando raciocino, sou absolutamente senhor de mim: nenhuma emoção, nenhuma ideia estranha, nenhum desenvolvimento acessório desse mesmo raciocínio poderia vir perturbar o seu curso firme e frio. Mas qualquer outra concentração me é ou difícil ou impossível.

Assim, é apenas pela aplicação centrífuga desta vontade centrípeta que consigo habitualmente agir com continuidade. Mas este processo não é evidentemente válido senão para certos tipos de ação. Suponham que se trata de escrever uma longa carta, uma carta comercial complicada; sendo o gerente para o estrangeiro de uma casa comercial portuguesa, é uma coisa que tenho que fazer quase todos os dias. Só posso fazê-lo por uma classificação mental do conteúdo da carta, por uma distribuição racional da matéria a comunicar. Faço este trabalho muito depressa, e o processo, num caso como este, tem a vantagem de ser o melhor, pois a carta resulta mais clara e mais convincente. Imaginem, porém, que se trata de aplicar este processo a uma ação que seja puramente ação, que não seja puramente literária como aquela! O resultado não chega a ser absurdo apenas porque é nulo. A ação coordenadora torna-se aqui completamente inibidora, e a ação resultante é não agir. Não há estratégia das pequenas ações; não se joga ao xadrez na realidade quotidiana.

Não é preciso, contudo, exagerar o alcance destas observações. Não sou um puro e simples cadáver consciente. Mas a minha vontade de ação é insuficiente; é-o sobretudo se a comparar com a minha vontade de inibição.

Este estado de espírito, ou antes, de temperamento, é (haverá necessidade de o dizer?) eminentemente desmagnetizador. A minha vida psíquica é uma espécie de curso de desmagnetismo pessoal. Os senhores estão a ver, pois, qual a razão que me levou a escrever-vos e a maçar-vos com estas considerações tão longas e tão intrincadas. Quero desenvolver a minha vontade de ação, mas quero fazê-lo sem que a minha emoção ou a minha inteligência tenham de que se queixar. Ao que sei, existe apenas um processo de desenvolvimento da vontade que não esmaga a emoção nem prejudica a inteligência: é a cultura magnética.

Messieurs:

Je vous prie d'avoir l'obligeance de m'envoyer — par retour du courrier, si c'est possible — vos catalogues complets, ainsi que des renseignements sur l'Institut du Magnétisme et du Psychisme Expérimental, et surtout sur le cours par correspondance de magnétisme personnel.

Peut-être vous sera-t-il plus aisé de me donner des renseignements plus exacts, si, de ma part, je vous éclaircis, dès ce moment, sur ce que je veux et pourquoi. Je vais donc vous donner les éléments préliminaires dont vous aurez sans doute besoin pour me répondre. Inutile de vous expliquer que tout ceci n'a trait qu'à ma demande de renseignements sur le cours par correspondance, auquel je viens de faire allusion.

Je veux développer, autant que possible, ce que je puisse avoir de magnétisme personnel, et je veux le développer pour donner, si cela peut se faire, une *coordination directionnelle extérieure* à ma vie. Ceci, ainsi dit, est un peu compliqué, mais j'espère vous le rendre clair au moyen des explications qui vont suivre. Je vous renseignerai d'abord sur mon tempérament, ensuite sur mes connaissances (d'ailleurs très faibles) au sujet du magnétisme.

Au point de vue psychiatrique, je suis un hystéro-neurasthénique, mais, heureusement, ma neuropsychose est assez faible; l'élément neurasthénique domine l'élément hystérique, et cela fait que je n'aie pas de traits hystériques extérieurs — aucun besoin du mensonge, aucune instabilité morbide dans les rapports avec les autres, etc. Mon hystérie n'est qu'intérieure, elle n'est que bien à moi; dans ma vie avec moi-même j'ai toute l'instabilité de sentiments et de sensations, toute l'oscillation d'émotion et de volonté qui caractérisent la névrose protéiforme. Excepté dans les choses intellectuelles où je suis arrivé à des conclusions que je tiens pour sûres, je change d'avis dix fois par jour; je n'ai l'esprit assis que sur des choses où il n'y [a] pas possibilité d'émotion. Je sais que penser de telle doctrine philosophique, ou de tel problème littéraire; je n'ai jamais eu d'opinion ferme sur n'importe quel de mes amis, sur n'importe quelle forme de mon activité extérieure.

Cérébral intérieur, pourtant, comme la plupart des neurasthéniques-nés, je maîtrise presque toujours les résultats extérieurs, ou dynamiques, de ces manifestations intimes. Il faut que je sois ou très fatigué, ou très ému, pour que mon émotivité se répande au dehors. Mon humeur est *extérieurement* égale: je suis presque toujours calme et gai devant les autres. En tant que telle, et parce qu'elle est sous contrôle, mon émotivité ne me fait pas de mal; je l'aime même beaucoup parce qu'elle m'est utile pour la vie littéraire que je mène à côté de ma vie pratique. Je cultive même, avec un soin un peu décadent, ces émotions autant vives que subtiles dont est faite ma vie intérieure. Je n'y veux rien changer. Le mal n'est pas là.

Vous avez sans doute déjà vu où est le point faible; un tempérament tel que je vous l'ai décrit est atteint profondément, non dans l'émotion, non dans l'intelligence, mais dans la volonté. Cette volonté souffre de par l'émotion et de par l'intelligence; je me rapporte à l'émotion telle que je l'ai, et à l'intelligence telle que je la possède. L'émotivité excessive trouble la volonté; la cérébralité excessive — l'intelligence trop éprise d'analyse et de raisonnement — écrase et amoindrit cette volonté que l'émotion vient de troubler. D'où para- et a-boulie. Je veux toujours faire, à la fois, trois ou quatre choses différentes; mais au fond non seulement je ne fais, mais je ne veux pas même faire, aucune d'elles. L'action pèse sur moi comme une condamnation; agir, pour moi, c'est me faire violence.

Tout ce qui en moi est exclusivement intellectuel est très fort, et même très sain. La volonté inhibitrice, qui est la volonté intellectuelle, est très ferme en moi; j'ai, même sous des sollicitations très fortes de l'émotion, la force *de ne pas faire*. C'est la volonté d'action, la volonté sur l'extérieur, qui me manque; c'est *faire* qui m'est difficile.

Voyons bien le problème. C'est la concentration qui est la substance de toute volonté. Je n'ai de concentration qu'intellectuelle, c'est-à-dire, que dans le raisonnement. Quand je raisonne, je suis absolument maître: aucune émotion, aucune idée étrangère, aucun développement accessoire de ce même raisonnement n'en saurait troubler le cours ferme et froid. Mais toute autre concentration m'est ou difficile ou impossible.

Ainsi c'est seulement par l'application centrifuge de cette volonté centripète que je parviens ordinairement à agir avec continuité. Mais ce procédé n'est évidemment valable que pour certains types d'action. Supposez qu'il s'agit d'écrire une lettre assez longue, une lettre commerciale compliquée; étant le gérant pour l'étranger d'une maison de commerce portugaise c'est une chose que j'ai à faire presque tous les jours. Je ne peux le faire que par un classement mental du contenu de la lettre, que par une distribution raisonnée de la matière à communiquer. Je fais ce travail très vite, et le procédé, dans un cas tel que celui-ci, a l'avantage d'être le meilleur, car la lettre n'en est que plus claire et plus convaincante. Imaginez cependant que l'on tâche d'appliquer ce procédé à une action qui soit purement action, qui ne soit purement littéraire, comme celle-là! Le résultat n'en est pas absurde que parce qu'il est nul. L'action coordinatrice devient ici tout à fait inhibitive, et l'action résultante est [de] ne pas agir. Il n'y a pas de stratégie des petites actions; on ne joue pas des échecs dans la réalité quotidienne.

Il ne faut pas, toutefois, exagérer la portée de ces observations. Je ne suis pas tout à fait un cadavre conscient.

Mais ma volonté d'action est insuffisante; elle l'est surtout si on la compare avec ma volonté d'inhibition.

Cet état de l'esprit, ou plutôt du tempérament est (est-il besoin de le dire?) éminemment démagnétisateur. Ma vie psychique est une espèce de cours de démagnétisme personnel. Vous voyez donc quelle est la raison qui fait que je vous écrive et que je vous fasse subir ces considérations assez longues et assez ennuyeuses. Je veux développer ma volonté d'action, mais je veux le faire sans que mon émotion ou mon intelligence aient de quoi se plaindre. À ce que j'en sais, il n'y a qu'un procédé de développement de la volonté qui n'écrase pas l'émotion ni ne porte pas d'attente à l'intelligence: c'est la culture magnétique.

♦

[CARTA A OFÉLIA QUEIROZ DE 29-11-1920]

Ofelinha:

Agradeço a sua carta. Ela trouxe-me pena e alívio ao mesmo tempo. Pena, porque estas coisas fazem sempre pena; alívio, porque, na verdade, a única solução é essa — o não prolongarmos mais uma situação que não tem já a justificação do amor, nem de uma parte nem de outra. Da minha, ao menos, fica uma estima profunda, uma amizade inalterável. Não me nega a Ofelinha outro tanto, não é verdade?

Nem a Ofelinha, nem eu, temos culpa nisto. Só o Destino teria culpa, se o Destino fosse gente, a quem culpas se atribuíssem.

O Tempo, que envelhece as faces e os cabelos, envelhece também, mas mais depressa ainda, as afeições violentas. A maioria da gente, porque é estúpida, consegue não dar por isso, e julga que ainda ama porque contraiu o hábito de se sentir a amar. Se assim não fosse, não havia gente feliz no mundo. As criaturas superiores, porém, são privadas da possibilidade dessa ilusão, porque nem podem crer que o amor dure, nem, quando o sentem acabado, se enganam tomando por ele a estima, ou a gratidão, que ele deixou.

Estas coisas fazem sofrer, mas o sofrimento passa. Se a vida, que é tudo, passa por fim, como não hão de passar o amor e a dor, e todas as mais coisas, que não são mais que partes da vida?

Na sua carta é injusta para comigo, mas compreendo e desculpo; decerto a escreveu com irritação, talvez mesmo com mágoa, mas a maioria da gente — homens ou mulheres — escreveria, no seu caso, num tom ainda mais acerbo, e em termos ainda mais injustos. Mas a Ofelinha tem um feitio ótimo, e mesmo a sua irritação não consegue ter maldade. Quando casar, se não tiver a felicidade que merece, por certo que não será sua a culpa.

Quanto a mim...

O amor passou. Mas conservo-lhe uma afeição inalterável, e não esquecerei nunca — nunca, creia — nem a sua figurinha engraçada e os seus modos de pequenina, nem a sua ternura, a sua dedicação, a sua índole amorável. Pode ser que me engane, e que estas qualidades, que lhe atribuo, fossem uma ilusão minha; mas nem creio que fosse, nem, a terem sido, seria desprimor para mim que lhas atribuísse.

Não sei o que quer que lhe devolva — cartas ou que mais. Eu preferia não lhe devolver nada, e conservar as suas cartinhas como memória viva de um passado morto, como todos os passados; como alguma coisa de comovedor numa vida, como a minha, em que o progresso nos anos é par do progresso na infelicidade e na desilusão.

Peço que não faça como a gente vulgar, que é sempre reles; que não me volte a cara quando passe por si, nem tenha de mim uma recordação em que entre o rancor. Fiquemos, um perante o outro, como dois conhecidos desde a infância, que se amaram um pouco quando meninos, e, embora na vida adulta sigam outras afeições e outros caminhos, conservam sempre, num escaninho da alma, a memória profunda do seu amor antigo e inútil.

Que isto de «outras afeições» e de «outros caminhos» é consigo, Ofelinha, e não comigo. O meu destino pertence a outra Lei, de cuja existência a Ofelinha nem sabe, e está subordinado cada vez mais à obediência a Mestres que não permitem nem perdoam.

Não é necessário que compreenda isto. Basta que me conserve com carinho na sua lembrança, como eu, inalteravelmente, a conservarei na minha.

Fernando

♦

[CARTA A ARMANDO CÔRTES-RODRIGUES DE 4-8-1923]

Meu querido Côrtes-Rodrigues:

Há não sei quantos anos que lhe não escrevo: há tanto tempo que teria agora tanto que contar-lhe que não posso contar-lhe. Só quando falarmos — quando, encontrando--nos, falarmos longamente — poderei contar tudo quando há a contar desde que nos perdemos de vista e de escrita.

Você o que tem feito? Notícias suas, de certo modo, tenho-as sempre tido, ou pelo Rocha (que acaba de me transmitir as saudades que me envia) ou pelo Duarte de Viveiros[1].

Esta carta é apenas para lhe escrever — escrever dizendo seja o que for, tornar a falar-lhe, ainda que por escrito... Tanta saudade — cada vez mais tanta! — daqueles tempos antigos do *Orpheu*, do paulismo, das intersecções e de tudo mais que passou! Você não imagina, apesar da enorme influência que ficou do *Orpheu* † diminuído, moral e intelectualmente † tudo.

Você tem visto a *Contemporânea*. É, de certo modo, a sucessora do *Orpheu*. Mas que diferença! que diferença! Uma ou outra coisa relembra esse passado; o resto, o conjunto...

1 Duarte José de Viveiros (1897-1937), poeta oriundo da ilha de São Miguel, estudou Direito em Coimbra e Lisboa, acabando por radicar-se na capital.

Escreva-me você, escreva-me sempre que possa. O meu endereço é o mais simples possível: apenas *Caixa Postal 147, Lisboa*. Se extraviar esta carta e esquecer portanto o 147, lembre-se que basta pôr: *Fernando Pessoa — Caixa Postal — Lisboa*. Mesmo sem número me chega às mãos.

Dê-me notícias suas, extensas se puder.

Um enorme abraço saudoso e amigo do

Sempre e muito seu
Fernando Pessoa

♦

[CARTA A JAYME ANDRADE NEVES[1] DE 1-10-1925]

Meu caro Jayme,

Recebi o teu postal de 22, que muito te agradeço. Estimo — estimamos todos — que se acentuem rapidamente as tuas melhoras.

Daqui, as notícias são as piores. A Maria Leonor[2] morreu no domingo, diretamente da intoxicação intestinal (ou seja qual for o nome próprio), e não de qualquer complicação — meningite, por exemplo — a ela sobrevinda.

[1] Este primo e médico de Pessoa é referido no início do diário de 1913.
[2] A primeira filha de Teca, irmã de Pessoa, que nascera um ano antes.

Estamos todos num estado horroroso de dor e de desolação. A angústia da Teca é horrível, e, considerado o seu estado, a todos mais nos preocupa.

Estamos outra vez — viemos ontem, quarta-feira — na Rua Coelho da Rocha. Ninguém podia já demorar-se naquela casa de Benfica.

Saudades nossas a todos. Abraça-te o teu primo muito amigo e grato,

Fernando

Caso não se lembrem e precisem saber, a casa da Rua Coelho da Rocha é o 16-1.º, dto.

◆

[CARTA AO DIRETOR DA *ANSWERS*[1] EM SETEMBRO DE 1926]

Sou um ano mais velho do que o seu correspondente e sinto-me jovem por razões exatamente opostas às dele. Te-

[1] *Answers* foi um semanário inglês que Pessoa comprava, sobretudo, para concorrer nos jogos de palavras. A edição do jornal de 18-9-1926 incluiu uma carta de um senhor escocês de 37 anos que se gabava de ter sucesso profissional, estabilidade económica e a experiência de amor, o que lhe fazia sentir cheio de energia e com muitos anos de vida para a frente.

nho trinta e oito anos e sinto-me mais novo cada ano, porque todos os anos estou mais perto de nunca ter realizado coisa alguma na vida. A realização envelhece-nos. Tudo tem o seu preço; o preço da realização é a perda da juventude. Só a falta de objetivos e um modo de vida inconsequente — se a palavra «modo» pode ser aplicada a tal ausência de rumo — nos mantêm jovens. Não me casei e por isso mantive-me livre tanto dos prazeres especiais como dos cuidados inerentes a essa parceria; tanto as coisas boas como más desse estado são por igual envelhecedores. Nunca assentei numa profissão ou tive um rumo na vida, nem alguma vez consegui sustentar uma opinião que durasse mais que o minuto momentâneo em que foi defendida. Nunca tive ambição de que um belo dia (e Lisboa tem dias belíssimos, em todas as estações) ou um leve vento não dissipassem e reduzissem a um sonho agradável e circunstancial. Nunca fiz um verdadeiro esforço em busca de qualquer coisa, nem dediquei o máximo da minha atenção senão a coisas fúteis, desnecessárias e fictícias. Sinto-me jovem porque tenho vivido assim. Dir-se-á que não prestei qualquer serviço à humanidade, seja o que for que «serviço» e «humanidade» queiram dizer; e poderia indagar até as últimas estrelas desaparecerem sem que ninguém me desse provas do sentido de serviço ou do significado de humanidade. Prestei, pelo menos, a muitas pessoas o serviço de não me meter no seu caminho. Não competi com as [...] e as ambições de nenhum homem, nem me atravessei no caminho da grandeza natural de nenhum tonto. Tenho procedido de modo idêntico com bons e maus e nunca considerei o criminoso pior do que o homem comum, como nos dias vitorianos da minha infância, ou melhor, como nos dias «jorgianos» da minha presente juventude. Fico mais jovem todos os dias porque nunca fiz nada e, por isso, não posso envelhecer. Os meus prazeres são simples, porque nem sequer lhes peço que sejam prazeres para mim. Sou espectador de mim próprio e dos tempos, e não me sinto menos sábio do que os grandes homens deste pequeno mundo. Sou, por isso, capaz, por um uso natural da imaginação e da fantasia, de extrair impérios a partir de encontros casuais e de impingir novos mundos □

A leitura da *Answers* é, se me permite terminar com uma nota direta, que tem a vantagem inabitual de ser sincera, um destes prazeres.

O que disse é bastante literário, pois sou sempre bastante literário — pois é essa a capacidade típica de uma mente sem outras capacidades.

> I am one year older than your correspondent and I feel young for the reasons which are precisely opposite to his. I am thirty-eight and I feel younger every year because every year I am nearer to having never achieved anything in life. Achievement makes us old. You must pay something for everything; the price of achievement is the loss of youth. It is only purposelessness and an inconsequential way of life — if the word "way" can be applied to such an absence of way — that keeps us young. I have not married and so have kept free both

from the special pleasures and the particular cares of that species of partnership; and the good and the evil of the state are equally ageing. I have never settled down to a profession or a course of life, nor even to an opinion outlasting the transient minute in which it was held. I have never had an ambition that a beautiful day (and Lisbon has mostly beautiful days, in all seasons) or a light wind did not dispel and reduce to a pleasant and contingent dream. I have never made a real effort after anything, nor applied my attention strongly except to futile, unnecessary and fictional things. I feel young because I have lived in this way. You will say I have done no service to mankind, whatsoever both "service" and "mankind" may mean; and I could outtalk the last stars and get no proof from anyone as to the use of service or the meaning of mankind. But I have done many people the service of not being in their way. I have competed with no man's morality or immorality, nor stood in the way of any fool's natural greatness. I have been alike to the good and the bad man, nor held the criminal worse than the common man, as in the Victorian days of my childhood, or better, as in the "Georgian" days of my present youth. I grow younger every day because I've never done something and cannot grow older. My pleasures are simple because I do not even ask of them that they be pleasures to me. I am a spectator of my own self and of the times, and feel no less wise than the great men of this little world. I am thus able, by a natural use of imagination and fancy, to extract empires from casual meetings and foist new worlds □

The reading of *Answers* is, if you will allow me to close on a direct note which has the unusual advantage of being sincere, one of these pleasures.

This is rather literary, as I am always rather literary — as that is the right bent of a mind that has no bent.

♦

PREFÁCIO

Não encontro dificuldade em definir-me: sou um temperamento feminino com uma inteligência masculina. A minha sensibilidade e os movimentos que dela procedem, e é nisso que consistem o temperamento e a sua expressão, são de mulher. As minhas faculdades de relação — a inteligência, e a vontade, que é a inteligência do impulso — são de homem.

Quanto à sensibilidade, quando digo que sempre gostei de ser amado, e nunca de amar, tenho dito tudo. Magoava-me sempre o ser obrigado, por um dever de vulgar reciprocidade — uma lealdade do espírito — a corresponder. Agradava-me a passividade. De atividade, só me aprazia o bastante para estimular, para não deixar esquecer-se, a atividade em amar daquele que me amava.

Reconheço sem ilusão a natureza do fenómeno. É uma inversão sexual fruste. Para no espírito. Sempre, porém, nos momentos de meditação sobre mim, me inquietou, não tive nunca a certeza, nem a tenho ainda, de que essa disposição do temperamento não pudesse um dia descer-me ao corpo. Não digo que praticasse então a sexualidade correspondente a esse impulso, mas bastava o desejo para me humilhar. Somos vários desta espécie pela história abaixo — pela história artística sobretudo. Shakespeare e Rousseau são dos exemplos, ou exemplares, mais ilustres. E o meu receio da descida ao corpo dessa inversão do espírito — radica-mo a contemplação de como nesses dois desceu — completamente no primeiro, e em pederastia; incertamente no segundo, num vago masoquismo.

♦

Fui sempre, e através de quantas flutuações houvesse, por hesitação da inteligência crítica, em meu espírito, nacionalista e liberal; nacionalista — quer dizer, crente no País como alma e não como simples nação; e liberal — quer dizer, crente na existência, de origem divina, da alma humana, e da inviolabilidade da sua consciência, em si mesma e em suas manifestações.

Por isso me foram sempre origem de repugnância e asco todas as formas do internacionalismo, que são três: a Igreja de Roma, a finança internacional e o comunismo.

Não sei que diga. Pertenço à raça dos navegadores e dos criadores de impérios. Se falar como sou, não serei entendido, porque não tenho Portugueses que me escutem. Não falamos, eu e os que são meus compatriotas, uma linguagem comum. Calo. Falar seria não me compreenderem. Prefiro a incompreensão pelo silêncio.

1929

Poderia ter definido com igual certeza, se definisse com termos opostos — alma frágil, misturada e absurda; incapaz de querer, e sabendo-o, incapaz de não desejar querer, e sabendo-o também; consumida por mil desejos não só impossíveis mas contraditórios, e sabendo, na própria formação dos desejos, que são contraditórios e impossíveis; analisando--se sempre, e até ao abstrato, e encontrando em si subtilezas da subtileza que recobre por ficções da mesma análise; nascida de saber analisar, pensando com precisão o que pensa imprecisamente; sentindo tudo sob a espécie do visual, mas registrando-o com a sedução do auditivo; desfocada pelas grandes mágoas mas lúcida com elas; tonta nos pequenos insultos à maneira de sentir; com medo de tudo exceto de só sentir tudo; feliz com um raio de sol que toca em outrem, só por vê-lo, infeliz por saber como vê, ociosa por tédio, langorosa por erro, banal por aceitação.

1929

♦

[CARTA A LUÍS MANUEL NOGUEIRA ROSA (LHI)[1] DE 7-1-1929]

Querido Lhi,

É claro que não faz muito sentido dizer que já não te escrevo há muito tempo, porque sabes disso muito bem. Esta carta é para te desejar muitos parabéns pelo dia 11, e também para desejar o mesmo ao João pelo dia 17, uma vez que não sei a morada dele (estive em Évora no mês passado e julgo que a Teca não sabia ou não tinha a certeza). Estou a escrever esta carta em duplicado (uma solução idiota, mas prática) e gostaria de te pedir que enviasses o duplicado para o João, pois irás provavelmente escrever-lhe por estes dias.

[1] Luís Miguel Nogueira Rosa (1900-1975), meio-irmão de Pessoa, vivia então em Inglaterra.

De qualquer forma, manda-me também o endereço dele, por favor.

Lamento, de facto, que várias circunstâncias — cujos resultados de ordem prática mais nefastos estão felizmente ultrapassados — tenham tornado bastante difícil para mim escrever-te, e ao João, como aliás a praticamente qualquer pessoa, de há dois anos a esta parte. Aconteceram certas coisas que não tenho e nunca tive à-vontade para explicar em pormenor e com verdade, e que complicaram os maiores problemas relacionados com o que tínhamos para receber dos bens da nossa mãe. Infelizmente, não cheguei a encontrar uma explicação exata para o que aconteceu, e, assim, quando me vi obrigado a dar uma qualquer, contei aquilo a que se pode chamar uma narrativa fantástica, o que me colocou necessariamente numa posição muito pior do que se tivesse revelado a impossível verdade. Isto — como é natural — causou à Teca imensa indignação e enorme pena; o caso com o Chico foi diferente, pela simples razão de que me apercebi desde o início que não acreditou muito no que eu lhe contara. Como foi a ele que dei a «explicação», o mais provável é ele ter utilizado um grande número de expressões vagas e hesitantes que a Teca, que recebeu a informação por ele, não conseguiu perceber na totalidade. A indignação da Teca acabou por passar, embora deva dizer que não encontro razão *lógica* para isso. Suponho que ela deve ter pensado que foi muito precipitada de início, e, como gosta de mim (como todos nós gostamos uns dos outros, suponho), agora sinto-a próxima de mim como antigamente. Estive em Évora no

Natal — fui a 24 e voltei a 26 (Évora fica a cinco horas de comboio de Lisboa) —, onde encontrei todos muito bem, incluindo a Maria Manuela, que tu e o João haviam de gostar muito de conhecer.

O tom vai um tanto «sentimental», mas não quero esquecer uma nota prática. Os problemas, que eram complexos, parecem estar agora a caminho de uma solução, mas já tive tantas deceções a este respeito que não quero que contes com nada, exceto uma coisa – nada está definitivamente *perdido*, e (podes estar ciente disso) darei o meu melhor para que tudo fique decidido no menor tempo possível. No entanto, não me atrevo a indicar uma data em que as coisas poderão ficar resolvidas. Neste, como em qualquer assunto — mesmo no mais simples —, sou supersticioso, por experiência, quanto a datas. Sempre que adianto uma, nunca se concretiza.

Sempre tive notícias tuas e do João através do Chico (que vem ocasionalmente a Lisboa) e da Teca, quando vem com ele, ou (como no caso recente) quando estou com ela em Évora. Lamento saber que não foi possível candidatares-te ao círculo eleitoral que te foi oferecido; espero que a impossibilidade seja temporária. Do João sei menos, porque a Teca e o Chico não têm tido notícias dele ultimamente.

Vou enviar-te amanhã um exemplar de um opúsculo que me convidaram a escrever no início do ano passado (não tenho nenhum comigo), e que de facto escrevi e foi publicado, embora tenha sido recebido, como, na verdade, já esperava, por um silêncio deliberado por toda a imprensa daqui. Digo que já o esperava, porque se dá o caso de expor uma tese em desacordo com a opinião de toda a gente; tem um ponto de contacto com a opinião de A, um ponto de contacto com a de B, e assim por diante, mas acontece que o meu ponto de contacto com a opinião de A está relacionado com um tema absolutamente repugnante para B, o que deu origem a que me fosse aplicada uma «pena de silêncio». O opúsculo, que é uma defesa e uma justificação da ditadura militar em Portugal (apenas em Portugal — não há qualquer referência a outros sistemas semelhantes existentes aqui pelo Sul) não é representativo daquilo que se poderá considerar o «atual pensamento político nos países latinos». O atual pensamento político nos países latinos é mais rigidamente conservador do que aquilo que exponho no meu opúsculo; talvez tu não saibas — sabe-se muito pouco sobre isso em Inglaterra — até que ponto o sentimento antiliberal se desenvolveu nos países latinos, em especial em França e em Itália. Se alguém me tivesse dito em 1905, digamos, quando regressei de Durban e descobri que aqui quase todos os estudantes eram republicanos, que de 1920 a 1929 quase todos eles se tornariam monárquicos absolutistas, teria chamado louco ou bêbado ao autor de tal profecia.

É tudo, por agora. Parabéns, mais uma vez, e saudades.

Teu irmão muito amigo,

Dear Lhi:

It is, of course, somewhat useless to say that I have not written you for a long time, because you know it. This letter is to wish you muitos parabens for the 11th. and also to wish João the same for the 17th., as I do not know his address (I was in Evora last month and I think Teca did not know it or was not sure of it). I am writing this letter in duplicate (a silly but practical solution) and I should like you to send the duplicate to João , as you will probably be writing him by this time. Please also give me his address, at any rate.

I am sorry indeed that several circumstances — the worst immediate results of which have fortunately passed off — have made it rather difficult for me to write to you, to João, as indeed practically to anybody, in the course of about two years. Certain things happened, which I am not, and never was, at liberty to explain in detail or in truth, which muddled up the chief matters concerned with what we had to receive from Mother's estate. I was unfortunately unable to give the exact explanation of what had happened, and so, when I was bound to give some, I gave what must be called a fantastical narrative, which necessarily placed me in a far worse position than [for "that"] the impossible truth would have done. This — very naturally — caused Teca great indignation and great sorrow; Chico was different, for the simple reason that I saw from the outset that he had not quite believed what I told him. As it was to him I made the "explanation", you understand he would seize a good number of muddled expressions and hesitations in speech which Teca, who received the statement from him, could not detect. Teca's indignation has worn off, though I confess that there is no *logical* reason why it should. I suppose that she thought she was too precipitate at the beginning, and, as she is fond of me (as we, I suppose, are all of one another), she is now with me as she was of old. I was at Evora at Christmas — went on the 24th. and returned on the 26th. (Evora is five hours from Lisbon by rail) — and they were all very well, including Maria Manuela, whom you and João would very much like to know.

This is what I may call "sentimental", but I do not wish to omit a practical note. The involved matters now do really begin to move towards a solution, but I have had so many deceptions in this case that I do not want you to reckon on anything except one — that nothing has been really *lost*, and that (you may add) I shall do my best to get everything in hand in as short a time as possible. I do not wish, however, to give even an idea of a probable date when things will be settled. In this, as in any matter — even a simple one —, I am superstitious, by experience, about dates. Whenever I give one, it turns out wrong.

I have always had from Chico (he comes occasionally to Lisbon) and from Teca, when she comes with him or (as in the recent case) I see her at Evora, news both of you and of João. I was sorry to hear that you did not find it possible to stand for some constituency that had been offered you; I hope the impossibility has been a temporary one. Of João I know less, because Teca and Chico have not such recent news.

I shall send you tomorrow (I have no copy by me) a copy of a pamphlet I was asked to write at the beginning of last year, and which I did write and was published, though it was received, as I had indeed expected, by purposed silence in all the press here. I had expected that because it puts a thesis that happens to disagree with everybody's opinion; it has one point of contact with A's opinion, one point of contact with B's, and so on, but the precise point of contact with A's opinion is on a subject absolutely repugnant to B, and so the "pena de silêncio" was applied. The pamphlet, which is a defence and justification of the Military Dictatorship in Portugal (only in Portugal — it has no reference to the other similar systems here in the South) is not representative of what you may call "current political thought in the Latin countries". Current political thought in the Latin countries is more rigidly conservative than what my pamphlet contains; perhaps you do not know it — it is very little known in England — to what an extent the anti-liberal feeling has developed in the Latin countries, and especially in France and Italy. If I had been told in 1905, say, when I came back from

Durban and found almost every student a Republican here, that in 1920 to 1929 almost every student here would be an *Absolutist* Royalist, I should have considered the prophet mad or drunk.

Well, this is enough. Again *parabéns*, and *saudades*.

Your affectionate brother,

♦

[CARTA A JOÃO GASPAR SIMÕES
DE JUNHO DE 1929]

Meu querido Camarada:

Acabo de receber o seu livro *Temas*, e, como é humano, de ler, antes de mais nada, as páginas com que me honra nele.

É claro que não sei, nem posso saber, que grau de justeza ou de verdade existe nessas páginas, mas fiquei profundamente comovido com a intenção amiga que há nelas. Não digo «amiga» no sentido de «amizade», senão no da amizade melhor.

Os acasos da vida a que chamo minha, ou a fatalidade superior que dirige todas as aparências dos acasos, têm feito com que, até agora, eu tenha sido uma personalidade objetivamente obscura. A clara afeição das suas palavras como que me liberta do que poderia com justiça considerar a antemanhã de cousa nenhuma. Pela primeira vez sinto nitidamente o sol das almas externas à minha, e não sei como agradecer-lhe o dourado matinal desta sensação.

Sucede que, na ocasião presente, estou num estado de transição de mim para mim — mas daqueles estados de transição, que sendo em mim frequentes, se nunca repetem. O seu estudo é uma voz amiga que me surge contrária às malícias de hesitação e às maldades do caminho, para que eu possa ter alguma confiança na minha existência pessoal como nação independente.

Concluí, há dias, através de um esforço terrível de impersonalização, o estudo inicial de Ricardo Reis — duas simples páginas de prosa — à obra completa de Alberto Caeiro. Concluído o estudo, quase chorei de alegria, mas lembrei-me depois que o entusiasmo do discípulo e a grandeza, ali expressa, do mestre, se tinham passado exclusivamente em mim, que eram ficções do interlúdio, áleas da confusão e do descaminho.

Fiquei como alguém apaixonado sem esperança, a quem houvessem dado, de repente, o primeiro sorriso decisivo. Foi um dos dias mais felizes de uma vida que não tem sido pródiga deles, senão pensados ou vividos de portas a dentro.

E esse dia
Já não sai do meu coração.

O seu estudo comove-me e anima-me. Ele representa a primeira tentativa — para mim inesperadíssima — de me considerar, não como um escritor, mas como uma alma que escreve, de me encontrar na realidade e não na literatura.

O seu estudo dá-me, com o augúrio de celebridade, um momento, pelo menos sonhado, de libertação. Porque para mim — confesso-o a si sem escrúpulo — só a celebridade (a larga celebridade) seria o sinónimo psíquico de liberdade. Tiraria meu repouso daquilo que outros concebem como uma excitação.

A tal ponto me enredei nas fascinações de não ser eu, que me chega a ser difícil falar com o que os outros compreendam que é sinceridade. Se me conhecesse, saberia que sou sincero na conversa normal e humana; porém a conversa normal e humana não existe por escrito exceto nos que não sabem escrever.

Pode ser que um dia eu venha a ser realmente célebre, nos termos e nas condições em que desejo que isso seja tratado por Altos decretos com o Destino. Se isso se der, não esquecerei, nem poderei esquecer, que o seu estudo foi o primeiro aviso, que me a Sorte concedeu, da vigilância dos Deuses por aqueles que os reconhecem com a substância da alma.

Comoveu-me sobretudo o seu estudo porque o dirige o discernimento, e é feito com uma tensão da atenção e da vontade de compreender que me são mais caras (nos dois sentidos da palavra) que todos os elogios de palavras amáveis que me pudessem fazer por afeição intelectual ou por admiração distraída. Nada há que mais pese na gratidão da alma que o reconhecerem-na como alma.

♦

Se faço estas análises de um modo lasso e casual, não é senão porque assim retrato mais o que sou. De uma análise propriamente profunda não só sou incapaz, mas sou também artista demais para a pensar em fazer; pensar em fazê-la seria pensar em dar de mim a ideia de que sou uma criatura disciplinada e coerente, quando o que sou é um analisador disperso e subtilmente desconcentrado. A minha arte é ser eu. Eu sou muitos. Mas, com o ser muitos, sou muitos em fluidez e imprecisão.

Muitos creem cousas falsas ou incompletas de mim; e eu, falando com eles, faço tudo por deixá-los continuar nessa crença. Perante um que me julgue um mero crítico, eu só falo crítica. A princípio fazia isto espontaneamente. Depois decidi que isto era porque, no meu perpétuo anseio de não levantar atritos, □

♦

Gosto de dizer. Direi melhor: gosto de palavrar. As palavras são para mim corpos tocáveis, sereias visíveis, sensualidades incorporadas. Talvez porque a sensualidade real não tem para mim interesse de nenhuma espécie — nem sequer mental ou de sonho —, transmudou-se-me o desejo para aquilo que em mim cria ritmos verbais, ou os escuta de outros. Estremeço se dizem bem. Tal página de Fialho, tal página de Chateaubriand, fazem formigar toda a minha vida em todas as veias, fazem-me raivar tremulamente quieto de um prazer inatingível que estou tendo. Tal página, até, de Vieira, na sua fria perfeição de engenharia sintática, me faz tremer como um ramo ao vento, num delírio passivo de coisa movida.

Como todos os grandes apaixonados, gosto da delícia da perda de mim, em que o gozo da entrega se sofre inteiramente. E, assim, muitas vezes, escrevo sem querer pensar, num devaneio externo, deixando que as palavras me façam festas, criança menina ao colo delas. São frases sem sentido, decorrendo mórbidas, numa fluidez de água sentida, esquecer-se de ribeiro em que as ondas se misturam e indefinem, tornando-se sempre outras, sucedendo a si mesmas. Assim as ideias, as imagens, trémulas de expressão, passam por mim em cortejos sonoros de sedas esbatidas, onde um luar de ideia bruxuleia, malhado e confuso.

Não choro por nada que a vida traga ou leve. Há porém páginas de prosa que me têm feito chorar. Lembro-me, como do que estou vendo, da noite em que, ainda criança, li pela primeira vez, numa seleta, o passo célebre de Vieira sobre o Rei Salomão. «Fabricou Salomão um palácio...» E fui lendo até ao fim, trémulo, confuso; depois rompi em lágrimas felizes, como nenhuma felicidade real me fará chorar, como nenhuma tristeza da vida me fará imitar. Aquele movimento hierático da nossa clara língua majestosa, aquele exprimir das ideias nas palavras inevitáveis, correr de água porque há declive, aquele assombro vocálico em que os sons são cores ideais — tudo isso me toldou de instinto como uma grande emoção política. E, disse, chorei; hoje, relembrando, ainda choro. Não é — não — a saudade da infância, de que não tenho saudades: é a saudade da emoção daquele momento, a mágoa de não poder já ler pela primeira vez aquela grande certeza sinfónica.

Não tenho sentimento nenhum político ou social. Tenho, porém, num sentido, um alto sentimento patriótico. Minha pátria é a língua portuguesa. Nada me pesaria que invadissem ou tomassem Portugal, desde que não me incomodassem pessoalmente. Mas odeio, com ódio verdadeiro, com o único ódio que sinto, não quem escreve mal português, não quem não sabe sintaxe, não quem escreve em ortografia simplificada, mas a página mal escrita, como pessoa própria, a sintaxe errada, como gente em que se bata, a ortografia sem ípsilon, como o escarro direto que me enoja independentemente de quem o cuspisse.

Sim, porque a ortografia também é gente. A palavra é completa vista e ouvida. E a gala da transliteração greco-romana veste-ma do seu vero manto régio, pelo qual é senhora e rainha.

1931

♦

[RESPOSTA A UM INQUÉRITO DE ANTÓNIO SÉRGIO]

Recebi, há cinco minutos, a sua pergunta: «Quais foram os livros que o banharam numa mais intensa atmosfera de energia moral, de generosidade, de grandeza de alma, de idealismo?» Respondo, como vê, imediatamente. Diz-me que é uma pergunta feita por António Sérgio, a quem não conheço pessoalmente, mas por quem tenho a maior consideração. É mais uma razão para responder depressa; não é, infelizmente, uma razão para poder ser lúcido ou explícito, visto que se trata de um assunto em que, até agora, nunca refleti.

Como, porém, em todas as dificuldades da vida se deve sempre agir antes de pensar, vou responder antes de saber o que digo, e a resposta terá assim o selo régio da sinceridade.

Ponho uma questão prévia. Os termos da pergunta pressupõem que a energia moral, a generosidade, a grandeza de alma e o idealismo sejam pessoas abstratas do meu convívio quotidiano. Infeliz, ou felizmente, não o são. Não digo que as não conheça, mas não as conheço com aquela intimidade com que conheço o capricho, a insinceridade e o devaneio — por vezes, até o devaneio lógico, que tem sido uma das minhas principais exterioridades.

Traduzo, pois, a pergunta para o seguinte: Quais foram os livros que mais me transmudaram em mim mesmo para aquela pessoa diferente que todos nós desejamos ser? Para isto tenho uma resposta — aquela, imediata e impensada, a que acima me refiro, e que deve conter a verdadeira.

Em minha infância e primeira adolescência houve para mim, que vivia e era educado em terras inglesas, um livro supremo e envolvente — os *Pickwick Papers*, de Dickens; ainda hoje, e por isso, o leio e releio como se não fizesse mais que lembrar.

Em minha segunda adolescência dominaram meu espírito Shakespeare e Milton, assim como, acessoriamente, aqueles poetas românticos ingleses que são sombras irregulares deles; entre estes foi talvez Shelley aquele com cuja inspiração mais convivi.

No que posso chamar a minha terceira adolescência, passada aqui em Lisboa, vivi na atmosfera dos filósofos gregos e alemães, assim como na dos decadentes franceses, cuja ação me foi subitamente varrida do espírito pela ginástica sueca e pela leitura da *Dégénérescence*, de Nordau.

Depois disto, todo o livro que leio, seja de prosa ou de verso, de pensamento ou de emoção, seja um estudo sobre a quarta dimensão ou um romance policial, é, no momento em que o leio, a única coisa que tenho lido. Todos eles têm uma suprema importância que passa no dia seguinte.

Esta resposta é absolutamente sincera. Se há nela, aparentemente, qualquer coisa de paradoxo, o paradoxo não é meu: sou eu.

1932

◆

NÃO É QUE NÃO publique porque não quero: não publico porque não posso. Não se entendam estas palavras como dirigidas contra a Comissão de Censura; ninguém tem menos razão de queixa do que eu dessa Comissão. A Censura obedece, porém, a diretrizes que lhe são superiormente impostas; e todos nós sabemos quais são, mais ou menos, essas diretrizes.

Ora sucede que a maioria das coisas que eu pudesse escrever não poderia ser passada pela Censura. Posso não poder coibir o impulso de escrevê-las; domino facilmente, porque não o tenho, o impulso de as publicar nem vou importunar os Censores com matéria cuja publicação eles teriam forçosamente que proibir.

Sendo assim para quê publicar? Privado de poder publicar o que deveras interessaria o público, que empenho tenho eu em levar a um jornal qualquer o que, por ilegível, lhe não serve, ou o que □

Posso, é certo, dissertar livremente (e, ainda assim, só até certo ponto e em certos meios) sobre a filosofia de Kant □

1935

◆

[CARTA A ANTÓNIO MARQUES MATIAS[1]]

[...]

Nunca se admire de eu tardar em escrever-lhe, nem com esse tardar se ofenda. À parte o andar eu sempre embrenhado em complicadíssimas crises mentais, acresce que certas circunstâncias externas, a que não consigo ser insensível, me abatem e me perturbam. Tenho estado velho por causa do Estado Novo. Todas estas coisas, se não privam de tempo material em que possa escrever, todavia me reduzem o tempo mental, em que possa pensar em escrever.

1935

◆

EXPLICAÇÃO DE UM LIVRO

Publiquei em outubro passado, pus à venda, propositadamente, em 1 de dezembro, um livro de poemas, formando realmente um só poema, intitulado *Mensagem*. Foi esse livro premiado, em condições especiais e para mim muito honrosas, pelo Secretariado de Propaganda Nacional.

[1] António Marques Matias (1911-1982), um poeta, era um dos «rapazes» que dirigiam a «revista simpática» chamada *Momento*, onde Pessoa colaborou com um poema — como diz na carta a Tomás Ribeiro Colaço.

A muitos que leram com apreço o *Mensagem*, assim como a muitos que o leram ou com pouco apreço ou com nenhum, certas coisas causaram perplexidade e confusão: a estrutura do livro, a disposição nele das matérias, e mormente a mistura, que ali se encontra, de um misticismo nacionalista — ordinariamente colado, onde entre nós apareça, ao espírito e às doutrinas da Igreja de Roma — com uma religiosidade, deste ponto de vista, nitidamente herética.

Um fenómeno independente de *Mensagem*, e posterior à sua publicação, aumentou a perplexidade de uns e outros leitores do livro. Foi esse fenómeno o meu artigo sobre «Associações Secretas», inserto no *Diário de Lisboa* de 4 de fevereiro. Esse artigo é um ataque a um projeto de lei — hoje lei — sobre o assunto do título, e é, cumulativamente, uma defesa integral da Maçonaria, contra a qual o projeto era dirigido, e a lei hoje se dirige.

O artigo é patentemente de um liberal, de um inimigo radical da Igreja de Roma, e (porque foi e se sente espontâneo) de quem tem para com a Maçonaria e os maçons um sentimento profundamente fraternal.

Um leitor atento de *Mensagem*, qualquer que fora o conceito que formasse do mérito do livro, não estranharia o antirromanismo, constante-, embora negativamente, emergente nele. Um leitor igualmente atento, mas instruído no entendimento, ou ao menos na intuição, das coisas herméticas, não estranharia a defesa da Maçonaria em o autor de um livro tão abundantemente embebido em simbolismo templário e rosacruciano. E a este leitor seria fácil de concluir que, tendo as ordens templárias, embora não exerçam atividade política, conceitos sociais idênticos, no que positivos e no que negativos, aos da Maçonaria; e girando o rosacrucianismo, no que social, em torno das ideias de fraternidade e de paz (*Pax profunda, Frater!* é a saudação rosacruciana, tanto para Irmãos como para profanos), o autor de um livro assim pensado seria forçosamente um liberal por derivação, quando o não fosse já por índole.

Mas, de facto, fui sempre fiel, por índole, e reforçado ainda por educação — a minha educação é toda inglesa —, aos princípios essenciais do liberalismo, que são o respeito pela dignidade do Homem e pela liberdade do Espírito, ou, em outras palavras, o individualismo e a tolerância, ou, ainda, em uma só frase, o individualismo fraternitário.

1935

◆

FERNANDO PESSOA

Nome completo: Fernando António Nogueira Pessoa.

Idade e naturalidade: Nasceu em Lisboa, freguesia dos Mártires, no prédio n.º 4 do Largo de S. Carlos (hoje do Diretório) em 13 de junho de 1888.

Filiação: Filho legítimo de Joaquim de Seabra Pessoa e de D. Maria Madalena Pinheiro Nogueira. Neto paterno do general Joaquim António Pessoa, combatente das campanhas liberais, e de D. Dionísia Seabra; neto materno do conselheiro Luís António Nogueira, jurisconsulto, e que foi diretor-geral do Ministério do Reino, e de D. Madalena Xavier Pinheiro. Ascendência geral — misto de fidalgos e de judeus.

Estado: Solteiro.

Profissão: A designação mais própria será «tradutor», a mais exata a de «correspondente estrangeiro em casas comerciais». O ser poeta e escritor não constitui profissão, mas vocação.

Morada: Rua Coelho da Rocha, 16, 1.º dt.º, Lisboa.
(Endereço postal — Caixa Postal 147, Lisboa.)

Funções sociais que tem desempenhado: Se por isso se entende cargos públicos, ou funções de destaque, nenhumas.

Obras que tem publicado: A obra está essencialmente dispersa, por enquanto, por várias revistas e publicações ocasionais. O que, de livros ou folhetos, considera como válido é o seguinte: *35 Sonnets* (em inglês), 1918; *English Poems I-II* e *English Poems III* (em inglês também), 1921; e o livro *Mensagem*, 1934, premiado pelo Secretariado de Propaganda Nacional, na categoria «Poema». O folheto *O Interregno*, publicado em 1928, e constituindo uma defesa da Ditadura Militar em Portugal, deve ser considerado como não existente. Há que rever tudo isso e talvez que repudiar muito.

Educação: Em virtude de, falecido seu pai em 1893, sua mãe ter casado, em 1895, em segundas núpcias, com o comandante João Miguel Rosa, cônsul de Portugal em Durban, Natal, foi ali educado. Ganhou o prémio Rainha Vitória de estilo inglês na Universidade do Cabo da Boa Esperança em 1903, no exame de admissão, aos 15 anos.

Ideologia política: Considera que o sistema monárquico seria o mais próprio para uma nação organicamente imperial como é Portugal. Considera, ao mesmo tempo, a Monarquia completamente inviável em Portugal. Por isso, a haver um plebiscito entre regimes, votaria, embora com pena, pela República. Conservador do estilo inglês, isto é, liberal dentro do conservantismo, e absolutamente antirreacionário.

Posição religiosa: Cristão gnóstico, e portanto inteiramente oposto a todas as Igrejas organizadas, e sobretudo à Igreja de Roma. Fiel, por motivos que mais adiante estão implícitos, à Tradição Secreta do Cristianismo, que tem íntimas relações com a Tradição Secreta em Israel (a Santa Kabbalah) e com a essência oculta da Maçonaria.

Posição iniciática: Iniciado, por comunicação direta de Mestre a Discípulo, nos três graus menores da (aparentemente extinta) Ordem Templária de Portugal.

Posição patriótica: Partidário de um nacionalismo místico, de onde seja abolida toda infiltração católica-romana, criando-se, se possível for, um sebastianismo novo, que a substitua espiritualmente, se é que no catolicismo português houve alguma vez espiritualidade. Nacionalista que se guia por este lema: «Tudo pela Humanidade; nada contra a Nação».

Posição social: Anticomunista e antissocialista. O mais deduz-se do que vai dito acima.

Resumo destas últimas considerações: Ter sempre na memória o mártir Jacques de Molay, Grão-Mestre dos Templários, e combater, sempre e em toda a parte, os seus três assassinos — a Ignorância, o Fanatismo e a Tirania.

Lisboa, 30 de março de 1935.

♦

[CARTA A MADGE ANDERSON[1] DE SETEMBRO DE 1935]

Minha cara Madge:

Há muito que lhe queria escrever, mas, como nunca sei bem o que é o tempo, esse estranho elemento lá se foi arrastando até agora. É o que costuma acontecer quando não fazemos nada.

A minha carta resume-se a um pedido de desculpas. A Madge chegou aqui quando eu me estava a afundar e permaneceu aqui até eu ir mesmo ao fundo. Depois disso, voltei à superfície, mas é-me extremamente difícil dizer que superfície é essa. Peço muita desculpa por tudo o que aconteceu, ou seja, pela minha indelicadeza em desaparecer, mas não terá perdido nada com o meu desaparecimento, que foi a melhor ação que alguns laivos de decência poderiam ter ditado a um homem praticamente perdido para isso.

Embora tenha agora subido ao que aparenta ser a superfície, estou preparado para me voltar a afundar, e, desta vez, acho que definitivamente. E gostaria que se lembrasse de mim com caridade cristã e não com mero desprezo humano, embora fosse esse o sentimento justo e apropriado, sendo o mundo como é.

Com os meus melhores cumprimentos,

[1] Madge era a cunhada de João (John) Nogueira Rosa, meio-irmão de Pessoa que vivia em Londres, e vieira em meados de abril de 1935 para passar três semanas de férias no Estoril. Parece que esteve com Pessoa poucas vezes, passando mais tempo com a família da irmã dele e de João, Teca, que nessa altura vivia em São João do Estoril.

My dear Madge:

I have been wanting to write to you for a long time, but, as I never really know what time is, that unknown element has dragged on till now. It generally does this when we do nothing.

My letter will be simply an apology. You arrived here when I was sinking and you stayed here till I had sunk. I have since come up to the surface, but I would be hard put to it to say what surface that is. I am very sorry for all that happened, meaning my discourtesy in disappearing, but you lost nothing by my disappearance, which was the best action that some remnants of decency could dictate to a man practically lost to the whole of it.

Though I have risen to the apparent surface, I am now ready to sink again, and this time, I think, definitely. I should like you to remember me with Christian charity and not with simple human contempt, though this would be the right and proper feeling, as the world is.

Most sincerely yours,

♦

[CARTA A MADGE ANDERSON DE 9-10-1935]

Muito obrigado pela sua amável e contundente carta, do dia... — não, não é de dia nenhum, pois, muito femininamente, não traz data. «Velho tolinho melodramático» é, provavelmente, a melhor definição que alguém podia dar de mim; é até própria de uma irmã, só que a Teca teria retirado o «melodramático» e o «velho». □

Talvez a minha carta tenha sido estúpida, até certo ponto. Nas coisas mais práticas — e as cartas são, suponho, coisas práticas — sou habitualmente estúpido. Mas lamento muito se a desgostei.

Para lá de tudo isso, agora já não estou propriamente a afundar-me. Na verdade, estou a sentir-me muito melhor em todos os sentidos. Se a Eileen e o John tivessem vindo — soubemos agora que já não vêm —, não teriam assistido a nenhuma variação, mínima que fosse, do «truque do afundamento», como lhe chama.

Temos muita pena que a Eileen e o John não tenham podido vir este ano, mas estamos com esperança de que fiquem por cá um mês inteiro no próximo ano.

Como saberá, o Bebé tem estado doente; na verdade, houve mesmo um momento em que pareceu estar muito doente, mas, felizmente, a coisa era menos séria do que parecia e está a recuperar rapidamente. Agora está com muita vivacidade, embora ainda um pouco pálido, e come como qualquer ser humano e não como eu comia quando bati no fundo, etc.

Envio-lhe, já agora, um belo e pequeno poema[1] que escrevi no Estoril em finais de abril, ou seja, cerca de um mês antes do afundamento várias vezes aqui referido. Não tem grande valor — de resto, não tem mesmo nenhum —, mas é bastante curioso, creio, como documento psicológico. Não poderei falar de «documento humano», porque é uma expressão que se aplica mais a foragidos, viciados em droga e outros que tais, e o que primeiro-ministro diz (o diabo que o carregue!) ainda não me levou a tornar-me um fora da lei, embora seja provável que faça com que me vicie em drogas, ou coisa assim.

Devo dizer que o poema é razoavelmente sincero, embora contenha uma boa parte de novas e melodramáticas tolices. É uma terrível confusão de sentimentos de todos os géneros, o que era também o meu caso quando o escrevi. Tenho de acrescentar, primeiro, que havia mesmo uma centopeia, pois o seu cadáver era visível na manhã do dia seguinte, o que faz da base do meu poema sincero uma mentira; e, segundo, que não gosto de guloseimas.

Receba o afeto de todos nós.

Sempre seu,

Thanks very much for your kind aggressive letter, of the... — no, it is of no the, for it is femininely undated. "Dramatic old silly" is about the best definition that could be given of me; it is even quite sisterly, ex-

[1] Trata-se do poema «D.T.», das iniciais de *delirium tremens*.

cept that Teca would have left out the "dramatic" and the "old". □

Perhaps my letter was to a certain extent stupid. In practical things — and letters, I suppose, are practical things — I generally am stupid. But I am really sorry if I annoyed you.

Apart from all that, I am really not sinking now. Indeed, I am feeling far better in all ways. If Eileen and John had come — we know now that they are not coming —, they would not have been present at any variation, major or minor, of the "sinking trick", as you call it.

We are very sorry that Eileen and John could not come this year, but we look forward to the next and to a full month's stay on their part.

As you know, the Baby has been ill; indeed, at one time he seemed very ill, but fortunately the matter was less serious than it looked and he is rapidly recovering. He is now quite bright, though still a little pale, and eats like a human being and not as I did in the sinking time etc.

By the bye, I am sending you a beautiful little poem I wrote at Estoril by the end of April, that is to say about a month before the sinking variously aforesaid. It isn't worth much — as a matter of fact, it isn't worth anything at all —, but it is rather curious, I think, as a psychological document. I won't say a "human document", because this expression seems to apply to escaped convicts, dope fiends and the like, and the Premier (bad cess to him!) has not yet even made a convict of me, since what he says does not carry conviction, though it is very likely he will force me to become a dope fiend or the like.

The poem happens to be sincere enough, though it contains a good deal of dramatic new silliness. It is a terrible mix-up of feelings of all sorts, but then so was I when I wrote it. I should add that, first, there was a centipede, since its corpse was visible next morning, so the basis of my sincere poem is a lie; second, I don't like candy.

Love from us all.

Yours ever,

♦

[CARTA A TOMÁS RIBEIRO COLAÇO
DE 10-10-1935]

Meu caro Tomás Colaço:

De há muito tempo que estou para lhe escrever, e de há muito antes do «estar para» lhe devia ter escrito. Mas o já longo corte de relações entre mim e a mais elementar decência social produz destes resultados; do que lhe diz respeito lhe venho pedir que me desculpe.

Sobretudo lhe deveria já ter escrito para lhe agradecer a amabilidade do contínuo envio do *Fradique*, e para lhe pedir que o não continue a fazer. Não o assino, pois nada assino, mas compro avulso. Se compro avulso, e sempre, *O Diabo* e *Bandarra*[1], por que não hei de fazer o mesmo com *Fradique*? Entendido? E outra vez muito obrigado.

Já agora desejo felicitá-lo por o que tem conseguido fazer do *Fradique*, que é, verdadeiramente, o único semanário literário — ou, até, a única publicação jornalística literária — que temos, fazendo porém uma exceção vaga mas, a meu ver, justa, em favor do Suplemento Literário do *Diário de Lisboa*. Não que esse iguale, ou sequer se aproxime, do *Fradique*, mas sempre é literário. O resto...

Uma coisa que me tem preocupado um pouco, com respeito a você, é se estaria melindrado por eu nunca mais ter aparecido com colaboração, que, aliás, lhe prometera. Deverá você porém ter reparado que não tenho colaborado em parte alguma. Salvo erro, desde 4 de fevereiro — data em que publiquei no *Diário de Lisboa* o artigo «Associações Secretas» — não publiquei senão um breve poema na revista *Momento*, revista de rapazes, revista simpática, mas, parece-me, muito mais secreta que as «associações» acima citadas.

O facto é que, desde o ano passado, tenho estado sob o influxo de estados nervosos de diversas formas e feitios, que por um longo período me arrancaram da vontade até o desejo de não fazer nada. Tenho-me sentido uma espécie de filme psíquico de um manual de psiquiatria, secção psicone-

[1] *O Diabo* e *Bandarra*, tal como *Fradique*, eram semanários culturais fundados em 1934. O primeiro era independente e, dentro do possível, crítico do regime. O segundo, dirigido por António Ferro, era defensor incondicional da política do Estado Novo.

vroses. Só agora começo a emergir lentamente para qualquer coisa vagamente parecida com atividade. Tanto assim que finalmente lhe estou escrevendo.

Estou agora elaborando e completando várias coisas que, durante o período a que me referi, deixei esboçadas firmemente e incompletei com vigor. Logo que haja qualquer coisa pronta, que me pareça que lhe possa convir para o *Fradique*, envio-lha ou levo-lha. Isto se você quiser, bem entendido. E pode contar que será para o *Fradique* o que primeiro tiver pronto, e, naturalmente, convenha ao seu semanário.

Reparo agora que estou falando um pouco no estilo de quem vai fornecer *Hamlets* em pílulas ou *Paraísos Perdidos* em comprimidos; e não quero que você vá descobrir até nestas linhas maquinadas de uma carta particular uma daquelas minhas afirmações de valia própria que você descobriu que eram um dos meus característicos distintivos. Onde diabo foi você buscar isso?

Já que falei nisto, quero agradecer-lhe a sua crítica à *Mensagem*[1]. Nela foi você, a meu ver, bom crítico, porque de facto criticou, justificando o que dizia; foi amável, porque não carregou a nota, fácil de carregar adentro do seu critério; e foi, até, bom jornalista, porque exprimiu o que muita gente sente, se não a meu respeito, pelo menos a respeito da *Mensagem*, ou de como eu sou na *Mensagem*.

Uma coisa: por que se zangou você tanto com o meu artigo em defesa da Maçonaria? Li o seu artigo, ou carta aberta,

[1] Na sua recensão da obra, publicada em *Fradique* (6-6-1935), Tomás Colaço acusou-a de ser fria, demasiadamente intelectual, sendo os seus poemas «muitas vezes, e apenas, "telegramas" de um notável poeta (...) que raros decifrarão».

duas — não, três — vezes, e não consegui nem perceber o que você estava dizendo (coisa rara de suceder com o que você escreve), nem por que é que você escrevia essas coisas que eu, pelo menos, não percebi[1].

Bem, não lhe levo isso a mal. E, se o levasse, ou antes, tivesse levado, teria ficado em pleno estado de vingança com o admirável artigo «Não!» de Rolão Preto[2]. Aliás, nessa história da Maçonaria e anti-Maçonaria, foi o *Fradique* que marcou, e o único que marcou. Publicou os dois únicos artigos com jeito sobre o assunto — ambos, embora diversamente, concordando comigo. Um é esse do Rolão, que já citei; outro é do Manuel Maia Pinto (o «T.D.»), que, embora conheça o assunto às manchas e irregularmente, ao menos alguma coisa conhece dele[3]. Nova e especial razão para eu o felicitar.

Abraça-o o seu amigo e admirador verdadeiro,

Fernando Pessoa

[1] Em «O Elogio da Maçonaria: Carta Aberta a Fernando Pessoa», publicado no n.º 54 do seu jornal (14-2-1935), o diretor admitia que o projeto-lei era desnecessário, mas criticou Pessoa por defender tão ardentemente a Maçonaria e pela sua «ausência de um pensamento nacional, quando não a presença de laivos antinacionais».

[2] Rolão Preto (1893-1977), um dos fundadores do Integralismo Lusitano e chefe da ala nacional-sindicalista que recusou subordinar-se a Salazar, publicou o seu artigo em 7-3-1935. Devido à proibição do seu movimento (e respetivo jornal) em 1934, era natural que se opusesse à supressão da Maçonaria. Escreveu num passo do seu artigo: «Vencer essa gente [isto é, os maçons] é *convencê-la*, e não *esmagá-la*. Erguê-la em conceções de maior grandeza e de mais alta moral, e não *diminuí-la*».

[3] No seu artigo publicado em 28-2-1935, Manuel Maia Pinto, antigo adepto da Maçonaria, comenta que, ao contrário do que Pessoa parece acreditar, a associação não se preocupa com o «aperfeiçoamento intelectual e moral da humanidade» mas, sim, «com objetivos muito mais comezinhos». Por outro lado, a Maçonaria «é pouco prejudicial, não tem eficácia, é incapaz de exercer uma influência sobre a opinião. Perseguindo-a, dava-se-lhe talvez a consciência que lhe falta».

♦

[CARTA A LUÍS MIGUEL ROSA (LHI) DE 10-10-1935]

Querido Lhi:

Muito obrigado pela tua carta de 15 de setembro. Fiquei muito contente por saber que fizeste uma excelente viagem de regresso a Inglaterra.[1]

Obrigado também pelo que dizes sobre os meus escritos em inglês[2]. Estou agora a classificar e agrupar todos os meus papéis, e só depois de terminar isso é que darei início à correspondente parte da «amostragem». Então te escreverei com informações mais concretas. Posso dizer que já fiz a «classificação» preliminar de cerca de três quartos de todos os meus numerosos papéis (e numerosos são, realmente!); pelo que já não falta muito. Isto é uma coisa que faço muito facilmente quando estou sozinho em Lisboa, pois tenho a casa toda só para mim, incluindo mesas, cadeiras — até mesmo o chão, se for preciso. Agora, como sabes pela carta do Chico, estamos todos aqui na Rua Coelho da Rocha devido à doença do bebé, e a tarefa da escolha dos papéis está

[1] Luís Miguel (Louis Michael) Rosa e sua mulher Eva, que viviam na periferia de Londres, passaram nove dias entre Lisboa e Estoril na primeira metade de setembro.

[2] Luís Miguel encorajava Fernando a tentar publicar as suas obras em inglês no Reino Unido e mostrara-se disposto, na sua recente carta, a agir como o seu agente literário.

obrigatoriamente suspenso por alguns dias. Apesar de tudo, consegui fazer alguma coisa.

O bebé já está praticamente bom. Parecia muito doente quando a Teca aqui chegou, no dia 27 do mês passado. Estou em crer que o Chico te deve ter contado tudo isso. O bebé agora está a alimentar-se normalmente como qualquer ser humano (recusava a comida assim que lhe chegava aos lábios, o que levou a Teca a pensar com razão, suponho, que o fígado dele pode não funcionar bem, dado que a recusa total de comida, tal como da própria ideia de comer, é sinal de «figadeira» e não de qualquer problema gástrico ou intestinal). Também está a ficar menos pálido e, notoriamente, bastante mais alegre e bem-disposto.

A questão dos selos postais não oferece dificuldade de qualquer espécie. Há muitos cá por casa; o problema está em localizar os diferentes maços. Assim que lhes deitar mão logo enviarei, ou começarei a enviar, alguns deles.

Já agora, Lhi, poderias descobrir qualquer coisa mais concreta sobre o Crowley — ou seja, poderias dar uma olhadela nos jornais ou tentar saber por meios menos oficiais, o que aconteceu realmente com ele, e quando? Estou naturalmente mais do que interessado, como sabes.

Com todo o afeto para a Eva e para ti,
teu irmão muito amigo,

Dear Lhi:

Thanks very much for your letter of the 15th September. I was very glad indeed to see that you had an excellent trip back to England.

Thanks also for what you say about my writings in English. I am now sorting and grouping all my papers, and it is only after I have got this fully done that I am going to start the "outlet" part of the matter. Then I'll write you concretely. I may say that I have already made the preliminary "sorting" of about three-quarters of all my numerous (oh, how numerous!) papers; so there is not much left. This is, of course, an easy thing to do when I am alone here in Lisbon, as I have to myself all the house, including tables, chairs — the floor even, if required. Now, as you know from Chico's letter, we are all here at Rua Coelho da Rocha, owing to the Baby's illness, and this paper-sorting work is necessarily suspended for some days. Even so, I have been able to do something.

The Baby is now practically well. He did seem very ill when Teca came here, on the 27th of last month. Chico will have told you all this, I think. The Baby is now eating like a human being (he used to refuse food just as it touched his lips, which leads Teca to think, rightly I believe, that his liver is not very good, for this immediate distaste for food, even for the idea of eating, is a sign of "liverishiness" and not of any stomach or bowel complaint). He is also losing his paleness and is certainly quite cheerful and happy.

That matter of the postage stamps offers no difficulty. There are a lot of them about the house; the thing is to find where the several lots are. As soon as I can put a hand upon them, I'll send, or begin sending, some.

By the bye, Lhi, could you find me out something concrete about Crowley — I mean, could you get some way of looking up in the papers, or in any unofficial way, what did really happen to him and when? I am naturally interested, as you know.

With best love to Eva and you,
Your affectionate brother,

♦

[CARTA A ADOLFO CASAIS MONTEIRO DE 30-10-1935]

Meu caro Casais Monteiro:

Muito obrigado pelo seu postal de 25, relembrando o interesse que vocês têm pela minha colaboração na *Presença*. Já tinha prometido, pessoalmente, aqui há dias, ao Gaspar Simões, dar essa colaboração, de sorte que, não indo já a tempo para o número que está a sair, pudesse todavia aparecer no que deve sair pelo Natal.

Sucede, porém, uma coisa — sucedeu há cinco minutos[1] — que me confirma em uma decisão que estava incerta, e

[1] Na mesma folha de um caderno em que Pessoa anotou o número de telefone da Comissão de Censura, escreveu as fontes que serviram para um artigo seu, «Profecia Italiana», cuja publicação foi impedida pela Censura. Não sabemos ao certo se Pessoa telefonou à Comissão para contestar a proibição de um artigo que se baseava em factos verídicos, mas é provável que a «coisa» que lhe sucedera logo antes de escrever para Casais Monteiro estivesse relacionada de algum modo com a sua indignação perante o regime da censura.

que me inibe de dar colaboração para a *Presença*, ou para qualquer outra publicação aqui do país, ou de publicar qualquer livro.

Desde o discurso que o Salazar fez em 21 de fevereiro deste ano, na distribuição de prémios no Secretariado de Propaganda Nacional, ficámos sabendo, todos nós que escrevemos, que estava substituída a regra restritiva da Censura, «não se pode dizer isto ou aquilo», pela regra soviética do Poder, «tem que se dizer aquilo ou isto». Em palavras mais claras, tudo quanto escrevermos, não só não tem que contrariar os princípios (cuja natureza ignoro) do Estado Novo (cuja definição desconheço), mas tem que ser subordinado às diretrizes traçadas pelos orientadores do citado Estado Novo[1]. Isto quer dizer, suponho, que não poderá haver legitimamente manifestação literária em Portugal que não inclua qualquer referência ao equilíbrio orçamental, à composição corporativa (também não sei o que seja) da sociedade portuguesa e a outras engrenagens da mesma espécie.

♦

[1] Referindo-se ao Estado Novo, Salazar disse: «Os princípios morais e patrióticos que estão na base deste movimento reformador impõem à atividade mental e às produções da inteligência e sensibilidade dos Portugueses certas limitações, e suponho deverem mesmo traçar-lhes algumas diretrizes.»

Todos os anos terminados em 5 foram importantes na minha vida.

1895 — Segundo casamento da mãe; resultado — África.
1905 — Regresso a Lisboa.
1915 — *Orpheu*.
1925 — Morre a mãe.

Todos são *inícios de fases*.

Every year ending in 5 has been important in my life.

1895 — Mother's second marriage; result — Africa.
1905 — Return to Lisbon.
1915 — *Orpheu*.
1925 — Mother's death.

All are *beginnings of periods*.

POEMAS

Ó irmão que me levaram, deixando-me sem nada,
Infeliz irmão que privaram da luz solar,
Contigo se sepultou toda a esperança da família,
Contigo desapareceu para sempre
O deleite que por existires eu sentia.

O brother ta'en from me, in misery left,
Unhappy brother reft of heavenly light,
In thee are buried all our family's hopes
In thee is gone for ever the content
That love of having thee did ever raise.

1904-1905

♦

ÍBIS

JUNHO DE 1911

Vinte e três anos, vãos inutilmente,
Sou vinte e três remorsos e fastios.

Vinte e três portos de lembrar, sombrios,
Cada um dos passados descontente,

Cada um triste de se ver presente
Na mesma vida vã que os outros, rios
De dor atravessaram fugidios
Só mortas algas indo na corrente

De futuros iguais meio em terror
Quase na crença desassossegada
De ser eternamente assim, passada.

A vida trémula, no eterno horror
De passar, desejar e, desejando,
Nada haver, e ir correndo e acabando.

♦

Emissário de um rei desconhecido,
Eu cumpro informes instruções de além,
E as bruscas frases que aos meus lábios vêm
Soam-me a um outro e anómalo sentido...

Inconscientemente me divido
Entre mim e a missão que o meu ser tem,

E a glória do meu Rei dá-me o desdém
Por este humano povo entre quem lido...

Não sei se existe o Rei que me mandou.
Minha missão será eu a esquecer,
Meu orgulho o deserto em que em mim estou...

Mas ah! eu sinto-me altas tradições
De antes de tempo e espaço e vida ser...
Já viram Deus as minhas sensações...

1916

♦

Escrevo à tua memória, amor, sem teres morrido,
E à memória desse amor, em nós nunca sabido.

Éramos rapazes, tu eras mais novo e eu o maior.
Tivéssemos sabido amar e ter-nos-íamos amado.
Tivéssemos descoberto o caminho do amor e teríamos achado
Seus prazeres, mas, jovens então, era de irmãos nosso amor.

Contudo, se te encontrasse hoje, talvez tudo fosse igual.
Tenho vergonha agora de ser o que não sabia outrora.

Talvez fosse melhor tal como foi — pois a chama virginal
Do amor não levou nossos sentidos ao fogo pleno e pior.

Lembro-te muito e a alma suspira tristemente em mim.
Recordas-me também algumas vezes e sentes algo assim?

Hoje sei que teria sido melhor termo-nos amado,
Hoje sei isso, mas não quero pensar demasiado.

Eras atraente e belo; eu não: apenas amava.

Cava-se mais em mim a marca desta doença antiga
Que só os gregos, porque eram belos, tornaram bela.

I write this to thy memory, my love, who art not dead,
And to the memory of that love we never knew to have.

I was the elder, you were the younger, and we were boys.
Had we known how to love, we would have loved each other.
Had we guessed that love's way, we would have found its joys,
But we were boys and we loved each other as brother to brother.

Yet if I met thee today, perhaps it would be the same.
Now I am shamed to be what erst I knew not I was.
Perhaps what happened was best — that pure white flame
Of our love caught not our senses to flame more yet worse.

I remember thee often and my soul sighs sadly in me.
Do you remember me sometimes and feel aught like this?

To-day I know it were best if we had lovers been,
To-day I know, but can care no longer.

Thou wert graceful and fair; I was neither: I loved.

The taint is deeper in me of this ancient disease
That only the Greeks made beautiful, because themselves beautiful were.

1916

◆

Fiquei louco, fiquei tonto,
Meus beijos foram sem conto,
Apertei-a contra mim,
Enlacei-a nos meus braços,
Embriaguei-me de abraços,
Fiquei louco e foi assim.

Dá-me beijos, dá-me tantos
Que enleado em teus encantos,
Preso nos abraços teus,

Eu não sinta a própria vida
Nem minha alma, ave perdida
No azul-amor dos teus céus.

Boquinha dos meus amores,
Lindinha como as flores,
Minha boneca que tem
Bracinhos para enlaçar-me
E tanto beijos p'ra dar-me
Quantos eu lhe dou também.

Botão de rosa menina,
Carinhosa, pequenina,
Corpinho de tentação,
Vem morar na minha vida,
Dá em ti terna guarida
Ao meu pobre coração.

Não descanso, não projeto,
Nada certo e sempre inquieto
Quando te não vejo, amor,
Por te beijar e não beijo,
Por não me encher o desejo
Mesmo o meu beijo maior.

Ai que tortura, que fogo,
Se estou perto dela é logo
Uma névoa em meu olhar,

Uma nuvem em minha alma,
Perdida de toda a calma,
E eu sem a poder achar.

janeiro de 1920

◆

Tanto desejei deste embuste o fim
Do amor entre nós. E agora acabou.
Mas não posso fingir, nem para mim,
Que o alcançado desejo me alegrou.

Cada partida é já separação.
No dia mais feliz envelhecemos um dia.
P'ra termos estrelas há que ter escuridão,
A hora mais fresca é também a mais fria.

Não ousei hesitar em aceitar
A tua carta final, mas eu desejo
Com ciúme vago que não vou negar
Que fôssemos feitos p'ra melhor ensejo.

Adeus! Vou sorrir ou não neste momento?
Meu sentir se perde no pensamento.

I have wished so oft this mockery might end
Of love between us! And it's ended now.
Yet I cannot even to myself pretend
That the wished thing achieved gives joy enow.

Every going is a parting too.
Our happiest day doth make us one day older.
To get stars we must have darkness also,
The fresher hour is likewise the colder.

I dare not hesitate not to accept
Thy separating letter, yet I wish
With some vague jealousy I scarce reject
That we were fitted for a different stretch.

Farewell! Yet do I smile at this or not?
My feeling now is lost in thought.

28-11-1920

♦

Em torno a mim os mortos esquecidos
Volveram todos. Eu em sonhos os vi.
Se os amei, como foi que os esqueci?
Se os esqueci, como foram queridos?

Rápida vida, como os fizeste idos!
Com que fria memória os lembro aqui!
Já desleixo chorar o que perdi,
Lembro-os longe da sombra dos sentidos.

Quando os perdi, pensei: Cada momento
Me lembrará sua presença morta,
Eterna em meu constante pensamento.

Mas lentamente a vida fecha a porta.
Fechada toda, o olhar 'stá desatento.
Para longe de Deus quem me transporta?

11-4-1925

♦

RICARDO REIS

Já sobre a fronte vã se me acinzenta
O cabelo do jovem que perdi.
    Meus olhos brilham menos.
Já não tem jus a beijos minha boca.
Se me ainda amas, por amor não ames:
    Traíras-me comigo.

13-6-1926

♦

ÁLVARO DE CAMPOS

ANIVERSÁRIO

No tempo em que festejavam o dia dos meus anos,
Eu era feliz e ninguém estava morto.
Na casa antiga, até eu fazer anos era uma tradição de há séculos,
E a alegria de todos, e a minha, estava certa com uma religião
qualquer.

No tempo em que festejavam o dia dos meus anos,
Eu tinha a grande saúde de não perceber coisa nenhuma,
De ser inteligente para entre a família,
E de não ter as esperanças que os outros tinham por mim.
Quando vim a ter esperanças, já não sabia ter esperanças.
Quando vim a olhar para a vida, perdera o sentido da vida.

Sim, o que fui de suposto a mim mesmo,
O que fui de coração e parentesco,
O que fui de serões de meia-província,
O que fui de amarem-me e eu ser menino,
O que fui — ai, meu Deus!, o que só hoje sei que fui...
A que distância!...
(Nem o eco...)
O tempo em que festejavam o dia dos meus anos!

O que eu sou hoje é como a humidade no corredor do fim da casa,
Pondo grelado nas paredes...
O que eu sou hoje (e a casa dos que me amaram treme através das minhas lágrimas),
O que eu sou hoje é terem vendido a casa,
É terem morrido todos,
É estar eu sobrevivente a mim mesmo como um fósforo frio...

No tempo em que festejavam o dia dos meus anos...
Que meu amor, como uma pessoa, esse tempo!
Desejo físico da alma de se encontrar ali outra vez,
Por uma viagem metafísica e carnal,
Com uma dualidade de eu para mim...
Comer o passado como pão de fome, sem tempo de manteiga nos dentes!

Vejo tudo outra vez com uma nitidez que me cega para o que há aqui...
A mesa posta com mais lugares, com melhores desenhos na louça, com mais copos,
O aparador com muitas coisas — doces, frutas, o resto na sombra debaixo do alçado —,
As tias velhas, os primos diferentes, e tudo era por minha causa,
No tempo em que festejavam o dia dos meus anos...

Para, meu coração!
Não penses! Deixa o pensar na cabeça!

Ó meu Deus, meu Deus, meu Deus!
Hoje já não faço anos.
Duro.
Somam-se-me dias.
Serei velho quando o for.
Mais nada.
Raiva de não ter trazido o passado roubado na algibeira!...

O tempo em que festejavam o dia dos meus anos!...

15 de outubro de 1929

♦

Quero ser livre, insincero,
Sem crença, dever ou posto.
Prisões, nem de amor as quero,
Não me amem, porque não gosto.

Quando canto o que não minto
E choro o que sucedeu,
É que esqueci o que sinto
E julgo que não sou eu.

De mim mesmo viandante
Colho as músicas na aragem,

Que a minha própria alma errante
É uma canção de viagem

E cai um grande e calmo efeito
De nada ter razão de ser
Do céu nulo como um direito
Na terra vil como um dever.

A chuva morta ainda ensopa
O chão noturno do céu limpo,
E faço, sob a aguada roupa,
Figuras sociais a tempo.

26-8-1930

♦

ÁLVARO DE CAMPOS

Sim, sou eu, eu mesmo, tal qual resultei de tudo,
Espécie de acessório ou sobresselente próprio,
Arredores irregulares da minha emoção sincera,
Sou eu aqui em mim, sou eu.

Quanto fui, quanto não fui, tudo isso sou.
Quanto quis, quanto não quis, tudo isso me forma.

Quanto amei ou deixei de amar é a mesma saudade em mim.

E, ao mesmo tempo, a impressão, um pouco inconsequente,
Como de um sonho formado sobre realidades mistas,
De me ter deixado, a mim, num banco de carro elétrico,
Para ser encontrado pelo acaso de quem se lhe ia sentar em cima.

E, ao mesmo tempo, a impressão, um pouco longínqua,
Como de um sonho que se quer lembrar na penumbra a que se acorda,
De haver melhor em mim do que eu.

Sim, ao mesmo tempo, a impressão, um pouco dolorosa,
Como de um acordar sem sonhos para um dia de muitos credores,
De haver falhado tudo como tropeçar no capacho,
De haver embrulhado tudo como a mala sem as escovas,
De haver substituído qualquer coisa a mim algures na vida.

Baste! É a impressão um tanto ou quanto metafísica,
Como o sol pela última vez sobre a janela da casa a abandonar,
De que mais vale ser criança que querer compreender o mundo —
A impressão de pão com manteiga e brinquedos
De um grande sossego sem Jardins de Proserpina,
De uma boa vontade para com a vida encostada de testa à janela,

Num ver chover com som lá fora
E não as lágrimas adultas de custar a engolir.

Baste, sim baste! Sou eu mesmo, o trocado,
O emissário sem carta nem credenciais,
O palhaço sem riso, o bobo com o grande fato de outro,
A quem tinem as campainhas da cabeça
Como chocalhos pequenos de uma servidão em cima.

Sou eu mesmo, a charada sincopada
Que ninguém da roda decifra nos serões de província.

Sou eu mesmo, que remédio!...

6-8-1931

♦

Mas eu, casual e fortuito,
Factício até no que sou,
Sonho muito, penso muito
E indeterminadamente estou.

Levantar-me da cadeira?
Que canseira!
Fazer um esforço a valer?

Para conquistar o quê?
A glória? A ciência? O poder?
O que é que tudo isso é?

Pastor que não és ninguém
Porque ninguém de ti cura,
A frescura que a tua alma tem
Tenho-a também, mas sem frescura.
Mas ao menos guardo
A fidelidade à inocência,
No que não faço ou no que tardo.
Que o Diabo leve, porque é dele, a ciência!

janeiro de 1935

♦

SÁ-CARNEIRO

Nesse número do Orpheu *que há de ser*
feito com sóis e estrelas em um mundo novo.

Nunca supus que isto que chamam morte
Tivesse qualquer espécie de sentido…
Cada um de nós, aqui aparecido,
Onde manda a lei certa e a falsa sorte,

Tem só uma demora de passagem
Entre um comboio e outro, entroncamento
Chamado e mudo, ou a vida ou o momento;
Mas, seja como for, segue a viagem.

Por isso, embora num comboio expresso
Seguisses, e adiante do em que vou,
No terminus de tudo, ao fim lá
Dessa ida que afinal é um regresso.

Porque na enorme gare onde Deus manda
Grandes acolhimentos se darão
Para cada prolixo coração
Que com seu próprio ser vive em demanda.

Hoje, falho de ti, sou dois a sós.
Há almas pares, as que conheceram
Onde os seres são almas □
□

Como éramos só um, falando! Nós
Éramos como um diálogo numa alma.
Não sei se dormes □ calma
Sei que, falho de ti, estou só a sós.

É como se esperasse eternamente
A tua vinda certa e combinada

Aí em baixo, no Café Arcada —
Quasi no extremo deste Continente;

Aí onde escreveste aqueles versos
Do trapézio, do vice-rei — sei eu —
Aquilo tudo que depois no *Orpheu*
□

Ah, meu maior amigo, nunca mais
Na paisagem sepulta desta vida
Encontrarei uma alma tão querida
Às coisas que em meu ser são as reais.

Não mais, não mais, e desde que saíste
Desta prisão fechada que é o mundo,
Meu coração é inerte e infecundo
E o que sou é um sonho que está triste.

Porque há em nós, por mais que consigamos
Ser nós mesmos a sós sem nostalgia,
Um desejo de termos companhia —
O amigo enorme que a falar amamos.

1935

◆

D.T.

Outro dia, eu bem o sei,
Na parede, com sapato,
A centopeia matei
Que nem lá estava de facto.
Mas como pode isso ser?
Bem simples de perceber —
É o começo de D.T.

Quando o róseo jacaré
E o tigre sem cabeça
Começarem a ter pé
E comendo tudo depressa,
Sapatos eu não vou ter
Ao tamanho de os matar,
Começarei a pensar:
Devo deixar de beber?

Mas não interessa isso...
Sou mais magro ou mais roliço
Porque isto se passa em mim?
Seria sábio ou melhor
Se a vida não fosse assim?

Não, nada está correto.
Poderia o teu afeto
A ser melhor me levar

Do que sou eu a tentar.
Mas nós nunca saberemos
Amor, não sei pelo menos,
Se o doce em teu coração
Caramelo de repente…
Pois que sofra o coração
Enquanto bebo aguardente.

Então centopeias vêm
Sem sequer me perturbar.
Eu consigo vê-las bem.
Ou até mesmo a dobrar.
Em casa, aí se verão
E com um sapato meu
Quando para o inferno vão
Com elas vou também eu.

Depois, por fim, conseguida
Inteira a felicidade,
Porque com um mero sapato,
Real e simples, eu mato
A centopeia em verdade —
A minha alma perdida.

D. T.

The other day indeed,
With my shoe, on the wall,

I killed a centipede
Which was not there at all.
How can that be?
It's very simple, you see —
Just the beginning of D. T.

When the pink alligator
And the tiger without a head
Begin to take stature
And demand to be fed,
As I have no shoes
Fit to kill those,
I think I'll start thinking:
Should I stop drinking?

But it really doesn't matter…
Am I thinner or fatter
Because this is this?
Would I be wiser or better
If life were other than this is?

No, nothing is right.
Your love might
Make me better than I
Can be or can try.
But we never know
Darling, I don't know
If the sugar of your heart

Would not turn out candy…
So I let my heart smart
And I drink brandy.

Then the centipedes come
Without trouble.
I can see them well
Or even double.
I'll see them home
With my shoe,
And, when they all go to hell,
I'll go too.

Then, on a whole,
I shall be happy indeed,
Because, with a shoe
Real and true,
I shall kill the true centipede —
My lost soul…

abril de 1935

◆

UN SOIR À LIMA

Vem a voz da radiofonia e dá
A notícia num arrastamento vão:
«A seguir
Un Soir à Lima»...

Cesso de sorrir...
Para-me o coração...

E, de repente,
Essa querida e maldita melodia
Rompe do aparelho inconsciente...
Numa memória súbita e presente
Minha alma se extravia...

O grande luar da África fazia
A encosta arborizada alvinitente.

A sala em nossa casa era ampla, e estava
Posta onde, até ao mar, tudo se dava
À clara escuridão do luar ingente.
Mas só eu, à janela.
Minha mãe estava ao piano
E tocava...
Exatamente
Un Soir à Lima.

Meu Deus, que longe, que perdido, que isso está!
Que é do seu alto porte?
Da sua voz continuamente acolhedora?
Do seu sorriso carinhoso e forte?
O que hoje há
Que mo recorda é isto que oiço agora:
Un Soir à Lima.
Prossegue na radiofonia
A mesma, a mesma melodia
O mesmo *Un Soir à Lima.*

Seu cabelo grisalho era tão lindo
Sob a luz
E eu que nunca julguei que ela morresse
E me deixasse entregue a quem eu sou!
Morreu, mas eu sou sempre o seu menino.
Ninguém é homem para a sua mãe!

*

Eu tenho sido tanta coisa vil!
Tenho traído tanto do que sou!
Meu espírito sedento
De raciocinador subtil
Quantas vezes prolixamente errou!
Quantas vezes até o sentimento
Inanimadamente me enganou!

Já que não tenho lar,
Deixa-me estar
Nesta visão
Do lar de então
Deixa-me ouvir, ouvir, ouvir —
Eu à janela
Do nunca mais deixar de sentir,
Nessa sala, a nossa sala, quente
Da África ampla onde o luar está
Lá fora vasto e indiferente
Nem mal nem bem
E onde, no meu coração
Mãe, mãe
Tocas visivelmente,
Tocas eternamente
Un Soir à Lima.

*

Meu padrasto
(Que homem! que alma! que coração!)
Reclinava o seu corpo basto
De atleta sossegado e são
Na poltrona maior
E ouvia, fumando e cismando,
E o seu olhar azul não tinha cor.
E minha mãe, criança,
No recanto da sua poltrona

Enrolada, ouvia a dormir
E a sorrir
Que estava alguém tocando
Se calhar uma dança...

E eu, de pé, ante a janela
Via todo o luar de toda a África inundar
A paisagem e o meu sonhar.

Onde tudo isso está!
Un Soir à Lima,
Quebra-te, coração!

17-9-1935

♦

PEDROUÇOS

Quando eu era pequeno não sabia
Que cresceria.
Pelo menos não o sentia.

Naquela idade o tempo não existe.
Cada dia é a mesma mesa
Com o mesmo quintal ao fundo;

E quando se sente tristeza
Está tristeza, mas não se está triste.

Eu era assim
E todas as crianças deste mundo
Assim foram antes de mim.

O quintal grande estava dividido
Por uma frágil grade, alta, de tiras
Cruzadas, de madeirinha,
Em horta e jardim.

Meu coração anda esquecido,
Mas não minha visão. De ela não tires,
Tempo, esse quadro onde o feliz que eu fui
Dá-me uma felicidade ainda minha!

Inútil o teu frio curso flui
Para quem das lembranças se acarinha.

22-10-1935

♦

Há doenças piores que as doenças,
Há dores que não doem, nem na alma,
Mas que são dolorosas mais que as outras.
Há angústias sonhadas mais reais
Que as que a vida nos traz, há sensações
Sentidas só com o imaginá-las
Que são mais nossas do que a nossa vida.
Há tanta cousa que, sem existir,
Existe, existe demoradamente,
E demoradamente é nossa, é nós...
Por sobre o verdor turvo do amplo rio
Os circunflexos brancos das gaivotas...
Por sobre a alma o adejar inútil
Do que não foi, nem pôde ser, e é tudo.

Dá-me mais vinho, porque a vida é nada.

19-11-1935

ANEXO

[CARTA DE ERNEST A. BELCHER
A FAUSTINO ANTUNES]

Faustino Antunes Esq.,
Rua da Bela Vista à Lapa,
Lisbon.

Durban High School
14 de julho de 1907

Caro Senhor,

Fiquei desolado ao tomar conhecimento da notícia de que me dá conta na carta que me chegou no último correio, e só espero que, nas mãos de um conselheiro da sua reconhecida reputação, o caso possa não ser desesperado.

Pessoa esteve aqui durante alguns anos e, sendo aluno do sexto ano, estive em contacto diário com ele, mas não era aluno interno e o que eu sabia dele pouco ia além das suas atividades escolares. Com apenas 17 anos escreveu o artigo sobre Macaulay que junto envio e sempre considerei de mérito excecional. A sua capacidade de escrita em inglês era, regra geral, notável e por vezes roçava a genialidade. Era grande admirador de Carlyle e tive uma certa dificuldade em refrear a sua tendência para imitar muito de perto o estilo de Carlyle.

Depreendo, pela sua carta, que conheça bem a literatura inglesa, pelo que compreenderá que Carlyle é o pior dos autores para ser imitado por um jovem de estilo ainda imaturo. Mantive sempre uma boa amizade com o rapaz e considerava-o leal e prestável. Não era muito físico nos desportos ingleses habituais, mas alguns dos seus condiscípulos disseram-me que se entusiasmava com facilidade quando assistia a um jogo de futebol. Como era católico, nunca procurei influenciá-lo com as minhas ideias religiosas, mas tive ocasião de constatar que tinha uma natureza tolerante e liberal que se ajustava perfeitamente aos meus próprios princípios religiosos. A determinado momento, alimentei fortes esperanças de que fosse para Oxford, em vez de entrar para a Universidade de Lisboa, e sempre o tive na conta de alguém com uma originalidade de pensamento excecional que, sob orientação criteriosa, poderia ter um futuro promissor, se não brilhante, à sua frente. C.E. Geerdts, agora no Lincoln College de Oxford, foi seu condiscípulo no sexto ano e poderá eventualmente facultar-lhe algumas informações úteis do ponto de vista dos seus colegas. Estou certo de que fará tudo para o ajudar. Se lhe escrever, pode perfeitamente dar-lhe o meu nome como referência.

Pedi ao Dr. Edwards, com consultório nesta cidade e que tratou Pessoa por diversas vezes, para lhe enviar pelo correio o seu relatório médico confidencial. Se puder ser-lhe útil em mais alguma coisa, por favor disponha. Procurarei obter mais informações assim que se inicie o período escolar no liceu e se vier a apurar alguma coisa importante, voltarei a contactá-lo.

É possível que me desloque à Europa no próximo ano e, se isso acontecer, farei os possíveis por ir a Lisboa visitá-lo.

Subscrevo-me, caro senhor,
com toda a consideração e respeitosos cumprimentos,

Ernest A. Belcher

Faustino Antunes Esq.,
Rua da Bela Vista à Lapa,
Lisboa.

Durban High School
July 14, 1907

Dear Sir,

I am much distressed to learn the news conveyed in your letter which arrived by this mail and only trust that in the hands of an adviser of your acknowledged reputation the case may not be hopeless.

Pessoa was here for some years and as a boy in the VI Form I came into daily contact with him but he was not a boarder and my knowledge of him went very little outside his work. As a boy of 17 he wrote the article on Macaulay which I enclose and which I always regarded of exceptional merit. His English composition was generally remarkably good and sometimes approached to genius. He was a great admirer of Carlyle and I had some difficulty in checking a disposition on his part to imitate very closely Carlyle's style.

I gather from your letter that you are a student of English Literature and you will understand that Carlyle is the last man to be *imitated* by a boy whose composition is still immature. I was always very good friends with the boy and found him loyal and public spirited. He was not athletic himself in ordinary English games but I have been told by some of his contemporaries that he was easily excited after watching a game of football. As he was a Catholic I never obtruded my religious views on him but incidentally I found he was of a broad and liberal nature which fitted very closely to my own religious principles. I hoped very much at one time that he would go to Oxford before he entered the University of Lisbon and I always regarded him as a boy of exceptional originality of thought who under wise guidance had a promising if not brilliant future before him. Mr. C. E. Geerdts, now of Lincoln College, Oxford, was a contemporary of his in the VI Form and could probably give you some useful information from the schoolboys' point of view. I am sure he would do any thing he could to help you. If you write to him pray mention my name.

I have asked Dr. Edwards of the town (who attended Pessoa at various times) to write to you by the mail his confidential medical report and if I can be of any further service to you, pray command me. I will endeavour to gain any further information as soon as term begins at the High School and if I learn anything of value, you shall hear from me again.

It is possible I may be in Europe next year in which case I shall endeavour to travel as far as Lisbon and call on you.

Believe me dear Sir
Your faithful and obedient servant,
Ernest A. Belcher

♦

[CARTA DE CLIFFORD E. GEERDTS
A FAUSTINO ANTUNES]

Elbing
W. Prussia
4 de outubro de 1907

Caro senhor,

A sua carta de 21 de setembro acaba de me chegar às mãos e, na esperança de que a minha missiva lhe possa ser de alguma utilidade no tratamento do sr. Pessoa, o paciente em causa, e confiando na sua promessa de não divulgar o conteúdo desta carta, apresso-me a dar-lhe as informações que me são possíveis sobre a vida estudantil de Pessoa.

1. Em resposta à sua primeira pergunta, não posso dizer com exatidão ao longo de quanto tempo privei com ele, mas o período em que obtive a maior parte das impressões que dele me ficaram foi durante o ano de 1904, quando andámos na mesma turma. Desconheço quantos anos tinha nessa altura, mas suponho que cerca de 15 ou 16. Uma vez que é seu paciente, o sr. Dr. saberá naturalmente que idade tinha nesse tempo.

2. Era pálido e magro e, em termos físicos, parecia pouco desenvolvido. Tinha um tórax estreito e contraído e alguma tendência para encurvar as costas. Tinha uma maneira de andar peculiar e um qualquer defeito na vista dava aos seus olhos um aspeto estranho, parecendo que as pálpebras lhe descaíam sobre os olhos.

3. A respeito do seu carácter moral apenas posso dizer que desconheço que tenha feito algo que possa considerar-se imoral. Fiquei com a sensação de que podia ter alguma propensão para a morbidez.

Era considerado um rapaz de inteligência brilhante, pois, apesar de não falar inglês na infância, aprendera a língua tão bem e com tanta rapidez que a dominava estilisticamente de forma esplêndida. Embora mais novo do que os seus colegas do mesmo ano, parecia não ter dificuldade em acompanhá-los e até mesmo ultrapassá-los na aprendizagem. Para um jovem da sua idade, pensava muito e profundamente e, numa carta que me escreveu, queixava-se de «fardos de ordem espiritual e material de adversidade extrema».

O tempo em que fomos colegas decorreu calmamente e, na realidade, não tive oportunidade de pôr à prova a sua força de vontade. Os trabalhos que fazia pareciam dar-lhe prazer e, por isso, não era necessário qualquer esforço de vontade especial para lhe dedicar atenção assídua. Não me recordo de o ter visto em qualquer situação que lhe exigisse um exercício fora do comum da força de vontade. Tanto quanto me lembro, não era difícil persuadi-lo a fazer fosse o que fosse. Era pacífico e obediente e não tinha o hábito de conviver com os seus condiscípulos.

4. Não me recordo de nenhuma peculiaridade sua que pudesse indicar, ainda que vagamente, qualquer desequilíbrio mental.

5. Havia alguns colegas de turma que tinham alguma estima por ele, mas o resto da escola dificilmente poderia ter uma opinião a seu respeito, pois não fazia desporto nem participava noutras atividades fora da sala de aula e, por isso, os colegas não o viam muito.

6. Tanto quanto sei, não teve nenhum caso amoroso e também ignoro se se entregava a excessos de natureza sexual. Não sei nada das companhias que tinha fora da escola, se é que existiam, estando inclinado a pensar que não. E quanto aos seus colegas não creio que fosse do género de levantar suspeitas acerca de eventuais excessos de natureza sexual da sua parte. Em relação com o exposto, posso afirmar, porém, que tinha em seu poder algumas revistas de banda desenhada francesas e portuguesas de carácter libidinoso. Isto vale apenas o que vale, mas talvez possa fornecer alguma indicação sobre ele ter praticado ou não imoralidades desse género.

7. Subscrevo a opinião do Sr. Belcher sobre a «natureza de espírito tolerante e liberal» de Pessoa e também sobre ele ser alguém «leal e prestável».

8. Ele não participava em nenhum tipo de atividade desportiva e penso que dedicava os seus tempos livres à leitura. Todos nós achávamos que trabalhava demais e que daria cabo da saúde com isso.

Tudo o que aqui lhe transmito deve ser lido com a ressalva de que se trata apenas das minhas impressões gerais sobre Pessoa. Quero com isto dizer que, no que diz respeito a algumas das afirmações que fiz, ser-me-ia impossível fornecer um único elemento concreto que as apoie. Portanto, pode acontecer que haja aspetos em que eu tenha uma ideia totalmente errada acerca dele.

Para concluir, gostaria de lhe fazer um pedido, embora com alguma relutância, visto ter-me dito que se encontra muito ocupado. Peço que me dê alguma informação sobre a doença de Pessoa, se enlouqueceu mesmo ou se existe alguma possibilidade de recuperação. É natural que me interesse por alguém que foi meu antigo condiscípulo e não conheço mais ninguém que possa dizer-me alguma coisa acerca dele. Esperando sinceramente que os seus afazeres profissionais lhe permitam encontrar tempo para me comunicar alguma coisa sobre Pessoa e que as minhas informações lhe sejam, de alguma forma, úteis, peço-lhe que aceite os meus melhores cumprimentos

C.E. Geerdts

P.S. Se porventura tiver tempo para me escrever acerca de Pessoa, por favor envie a carta, como anteriormente, para o Lincoln College, em Oxford.

C.E.G.

Elbing
W. Prussia
4th October 1907

Sir,

Your letter of the 21st September has just been forwarded to me here, and, in the hope that my communication may be of some use to you in treating the patient, Mr. Pessoa, and relying on your promise that the contents of my letter will be communicated to no one, I hasten to give you what information I can about the school life of Pessoa.

1. In answer to your first question I cannot tell you exactly how long I knew him, but the period during which I received most of my impressions of him was the whole of the year 1904 when we were at school together. How old he was at this time I don't know, but judge him to have been about 15 or 16. Being your patient you will naturally know yourself how old he was then.

2. He was pale and thin and appeared physically to be very imperfectly developed. He had a narrow and contracted chest and was inclined to stoop. He had a peculiar walk and some defect in his eyesight gave to

his eyes also a peculiar appearance, the lids seemed to droop over the eyes.

3. With regard to his moral character I can only say that I don't know of him having done anything immoral. He gave me the impression that he was inclined to be morbid.

He was regarded as a brilliantly clever boy as, in spite of the fact that he had not spoken English in his earlier years, he had learned it so rapidly and so well that he had a splendid style in that language. Although younger than his schoolfellows of the same class he appeared to have no difficulty in keeping up with and surpassing them in work. For one of his age, he thought much and deeply and in a letter to me once complained of "spiritual and material encumbrances of most especial adverseness".

Our school life during the time we were together was uneventful and I really had no opportunity of testing his will-power. His work appeared to be a pleasure to him and so it needed no particular effort of will on his part to work assiduously. I don't remember having seen him under any circumstances which needed any great exercise of will-power. As far as my memory serves me it was not difficult to persuade him to do anything. He was meek and inoffensive and inclined to avoid association with his schoolfellows.

4. I cannot remember any peculiarity of his which might even vaguely indicate a mental disorder.

5. He was generally liked by the one or two who were in the same class as he was, but the rest of the school scarcely had an opinion about him, as he took no part in the sports or other school life outside of the class room, and so they hardly saw anything of him.

6. As far as I am aware he had no love affair and I am also ignorant as to whether he indulged in sexual excesses. I know nothing of his companions outside of school, if indeed he had any, I am inclined to think he had not. His school companions were not, I think, of such a class as to raise a suspicion that he indulged in sexual excesses. In this connection however I may say that he had in his possession certain indecent French and Portuguese comic papers. I tell you this for what it is worth, it may serve as some indication to you as to whether he indulged in immorality of this kind or not.

7. I can endorse Mr. Belcher's opinion as to Pessoa's "broad and liberal mindedness" and also as to his being "loyal and public spirited".

8. He took no part in athletic sports of any kind and I think his spare time was spent in reading. We generally considered that he worked far too much and that he would ruin his health by so doing.

Whatever I have said here must be read subject to the qualification that I have given you only my general impressions of Pessoa. I mean that with regard to some of the statements I have made I could not bring forward a single concrete incident in support of them. It is quite possible therefore that in some particulars I may have altogether mistaken ideas about him.

In conclusion I have a request to make of you which I do rather unwillingly in view of the fact that you tell me you are busy. It is that you will let me know a little about Pessoa's illness, whether he has altogether lost his senses and whether he has any chance of recovery. I am naturally interested in an old school fellow and don't know of anyone else who is likely to be able to tell me anything about him. Hoping that your professional duties *will* allow you time to let me know something about Pessoa and hoping that my information may be of some service to you, I beg to remain,

Yours sincerely
C. E. Geerdts

P. S. If you have time to write about Pessoa please address the letter, as formerly, to Lincoln College, Oxford.

C. E. G.

NOTAS

Indica-se o local da primeira publicação.

Todos os textos foram conferidos pelos originais (espólio E3 da Biblioteca Nacional de Portugal).

As traduções dos textos em prosa são de Manuela Rocha e Manuela Parreira da Silva, revistas por Helder Moura Pereira.

As traduções dos poemas (exceto do primeiro) são de Luísa Freire.

DIÁRIOS E ESCRITOS AUTOBIOGRÁFICOS

p. 17 «Eu era um poeta inspirado pela filosofia»
Páginas Íntimas, pp. 13-14.

p. 19 [DIÁRIO DE 1906]
Escritos Autobiográficos, pp. 24-46.
Teresa Sobral Cunha publicou uma tradução do diário em *Colóquio-Letras*, 95, jan.-fev. de 1987. Quase todas as páginas ostentam o carimbo «C.R. Anon» no canto superior direito.

p. 44 [CARTA A SUA MÃE]
Escritos Autobiográficos, p. 63.
A carta, que sobrevive em estado de rascunho, é seguida por estes apontamentos:
«Argumento do mal (anemia, e.g.)
pouco motivado para curso superior.
Incompreensão
Egoísmo (simpatia imperfeita)
Falta de tato — i.e. falta de habilidade
Não me compreende; não simpatiza com o meu feitio; não deseja alterá-lo diplomaticamente.»
Pela referência ao Curso Superior de Letras, depreende-se que a carta foi escrita pouco tempo depois de os pais e irmãos terem regressado a Durban (25-4-1907), altura em que Pessoa terá abandonado o Curso.

p. 46 «Cartas para informação sobre o meu carácter»
Pessoa por Conhecer, pp. 31-32.

p. 49 [CARTA DE FAUSTINO ANTUNES]
Os Dois Exílios, pp. 60-61.

p. 53 «É necessário dizer agora que tipo de homem sou»
Páginas Íntimas, pp. 15-17.
Trecho inicialmente escrito para o conto «The Door», que depois foi isolado e passado a limpo.

p. 57 «O cínico não passa de um pessimista jovial»
Escritos Autobiográficos, pp. 76-78.

p. 59 «Porque sou tão infeliz?»
Escritos Autobiográficos, pp. 78-80.
A atribuição a Frei Maurice, «F.M.», escrita a lápis azul no manuscrito, é posterior à redação do trecho.

p. 62 «Estou cansado de confiar em mim próprio»
Vida e Obra de Fernando Pessoa, vol. I, pp. 87-88.

p. 66 PACTO PARA A VIDA, DE ALEXANDER SEARCH
Páginas Íntimas, p. 10.

p. 68 «Há momentos em que os meus pensamentos são de tal natureza»
Escritos Autobiográficos, p. 76.

p. 68 «O meu primeiro ato de revolta genuína»
Escritos Autobiográficos, pp. 80-82.

p. 71 «Nunca existiu alma mais afetuosa»
Páginas Íntimas, pp. 3-8. A assinatura de Alexander Search figura no manuscrito.

p. 77 «Deus me dê forças para fazer»
Pessoa por Conhecer, pp. 82-84.
p. 80 «Tomara poder desempenhar-me»
Pessoa por Conhecer, pp. 74-76.

p. 81 «Navegadores antigos tinham uma frase gloriosa»
Obra Poética, p. 15.

p. 82 «Sou a sombra de mim mesmo»
Escritos Autobiográficos, p. 106.

p. 82 [DIÁRIO DE 1913]
Páginas Íntimas, pp. 32-60.

p. 113 NOTAS PESSOAIS
Publicado incompleto em *Páginas Íntimas*, pp. 20-21.

p. 117 «Cerca-me um vazio absoluto»
Pessoa por Conhecer, pp. 49, 30.

p. 117 «Cada vez estou mais só»
Páginas Íntimas, pp. 26-27.

p. 118 «Há entre mim e o mundo»
Páginas Íntimas, p. 27.

p. 118 «Pertenço a uma geração que ainda está por vir»
Páginas Íntimas, pp. 64-66, com lacunas.

p. 120 INFLUÊNCIAS
Cartas a Armando Côrtes-Rodrigues, p. 78.
Manuscrito entregue por Pessoa a Armando Côrtes-Rodrigues, que lhe tinha pedido elementos para um estudo sobre ele.

p. 121 [CARTA A SUA MÃE DE 5-6-1914]
Livro do Desassossego de Bernardo Soares, vol. I, pp. 8-10.
Lê-se no manuscrito «L. do Des. (cópia de uma carta para Pretória)», indicando a sigla do *Livro do Desassossego.*

p. 123 [CARTA A ARMANDO CÔRTES-RODRIGUES DE 2-9-1914]
Cartas a Armando Côrtes-Rodrigues, p. 34.

p. 124 «Hoje, ao tomar de vez a decisão de ser Eu»
Páginas Íntimas, p. 63, só os primeiros cinco parágrafos. O texto completo em *Escritos Autobiográficos*, pp. 147-149.

p. 128 «Um dos poucos divertimentos intelectuais»
Páginas Íntimas, p. 62.

p. 128 «Agir é intervir»
Publicado como sendo um trecho do *Livro do Desassossego* (Presença, vol. I), pp. 245-246.

p. 129 [CARTA A ARMANDO CÔRTES-RODRIGUES DE 19-1-1915]
Cartas a Armando Côrtes-Rodrigues, pp. 43-48.

p. 133 [DIÁRIO DE 1915]
Publicado incompleto em *Pessoa por Conhecer*, pp. 51-52.

p. 153 [CARTA A SÁ-CARNEIRO DE 6-12-1915]
Vida e Obra de Fernando Pessoa, vol. II, pp. 229-230. Apenas se conhece o fragmento transcrito.

p. 155 [CARTA A SÁ-CARNEIRO DE 14-3-1916]
Cartas a Fernando Pessoa, pp. 219-221.

p. 158 [CARTA A SÁ-CARNEIRO DE 26-4-1916]
Cartas a Fernando Pessoa, pp. 221-223.
Escrita no próprio dia do suicídio de Mário de Sá-Carneiro em Paris.

p. 160 «Eis-me, então, no meu 28.º aniversário»
Escritos Autobiográficos, pp. 172-173.

p. 161 [CARTA A ARMANDO CÔRTES-RODRIGUES DE 4-9-1916]
Cartas a Armando Côrtes-Rodrigues, pp. 68-69.

p. 163 «Por mim, o meu egoísmo é a superfície da minha dedicação»
Páginas Íntimas, pp. 68-69.

p. 163 PLANO DE VIDA
Páginas Íntimas, pp. 23-24.

p. 166 [PLANO DE VIDA DO TEMPO DE COSMÓPOLIS]
Escritos Autobiográficos, pp. 180-182.

p. 168 [CARTA A HECTOR E HENRI DURVILLE DE 10-6-1919]
Páginas Íntimas, pp. 69-74.
Carta provavelmente não enviada.

p. 176 [CARTA A OFÉLIA QUEIROZ DE 29-11-1920]
Cartas de Amor de Fernando Pessoa, pp. 131-133.

p. 179 [CARTA A ARMANDO CÔRTES-RODRIGUES DE 4-8-1923]
Cartas a Armando Côrtes-Rodrigues, p. 71.
O bordo do papel está deteriorado, inviabilizando a leitura no final do terceiro parágrafo.

p. 180 [CARTA A JAYME ANDRADE NEVES DE 1-10-1925]
Inédita.

p. 181 [CARTA AO DIRETOR DA *ANSWERS* EM SETEMBRO DE 1926]
Escritos Autobiográficos, pp. 182-183.

p. 185 PREFÁCIO
Páginas Íntimas, pp. 27-28.
Ao cimo da folha, o autor escreveu: «(aproveitar para o "Shakespeare"?)». Pessoa deixou muitos trechos para um ensaio sobre o dramaturgo inglês.

p. 186 «Fui sempre, e através de quantas flutuações houvesse»
Pessoa por Conhecer, p. 88.

p. 187 «Não sei que diga»
Livro do Desassossego, p. 186.

p. 187 «Poderia ter definido com igual certeza»
Escritos Autobiográficos, p. 196.

p. 188 [CARTA A LUÍS MANUEL NOGUEIRA ROSA (LHI) DE 7-1-1929]
Inédita — exceto os dois últimos parágrafos, já publicados em *Escritos Autobiográficos*, pp. 192-194.

p. 195 [CARTA A JOÃO GASPAR SIMÕES DE JUNHO DE 1929]
Correspondência Inédita, pp. 81-82.
Os dois primeiros parágrafos estão riscados no manuscrito, mas são transcritos pelo seu valor de contexto. Esta carta foi reescrita, de um modo mais sucinto e menos expressivo, e só então enviada (a 26-6-1929).

p. 198 «Se faço estas análises de um modo lasso e casual»
Pessoa por Conhecer, p. 28.
Trata-se da quinta página de um texto cujas primeiras quatro páginas se perderam.

p. 198 «Gosto de dizer»
Livro do Desassossego por Bernardo Soares, vol. I, pp. 15-17.

p. 201 [RESPOSTA A UM INQUÉRITO DE ANTÓNIO SÉRGIO]
Diário de Lisboa, 29 de maio de 1936.

Solicitada quatro anos antes, por intermédio de José Osório de Oliveira, e por ele publicada.

p. 203 «Não é que não publique porque não quero»
Páginas Íntimas, p. 83.

p. 204 [CARTA A ANTÓNIO MARQUES MATIAS]
Fernando Pessoa — O Último Ano, p. 125.
Transcreve-se apenas o último parágrafo. Em dois outros, Pessoa agradece o envio do livro *Poemas de Narciso*.

p. 204 EXPLICAÇÃO DE UM LIVRO
Páginas Íntimas, pp. 433-435.

p. 206 FERNANDO PESSOA
À Memória do Presidente-Rei Sidónio Pais, pp. 3-4, cerca de metade. Quase completo, em *Vida e Obra de Fernando Pessoa*, vol. II, pp. 361-362. Completo, em *Fernando Pessoa no Seu Tempo*, pp. 17-22.
Texto datilografado que Pessoa deu a Manoel Serras, e de que terá também distribuído cópias por outros amigos.

p. 210 [CARTA A MADGE ANDERSON DE SETEMBRO DE 1935]
Pessoa Plural, n.º 12.
Trata-se do rascunho da primeira carta enviada, em que podem ler-se frases riscadas que revelam bem a pressão que a irmã fez para que Pessoa escrevesse a Madge: «Prossigo com o meu pedido de desculpas. Pela insistente indignação da Teca em relação a mim, deduzo que fui culpado...»; «Tudo o que realmente quero dizer é que não sei, de facto, o que fiz ou disse durante o tempo em que a Madge esteve aqui...» ("The apology goes on. From Teca's permanent indignation against me I gather that I have been guilty...·"; "All that I really want to say is that I do not really know what I did or said during the time you were here..."). Numa carta (inédita) em que Madge responde a Pessoa, repreende-o pelo seu «truque do afundamento» ("sinking trick"), terminando da seguinte forma a sua breve carta: «Não sei bem o que significa a caridade cristã, mas tenho um pouco mais de consideração por si do que aquilo que lhe poderá parecer, caso lhe interesse... velho tolinho melodramático!! E nem sequer tem a desculpa de ter falta de sentido de humor! / Receba as minhas ternas saudações. Sua amiga — Madge» ("I don't know quite what Christian charity amounts to but I think of you a little more highly than that for what it's worth to you... dramatic old silly that you are!! and you haven't even the excuse of lack of sense of humor! / I salute you most tenderly. Your friend — Madge").

p. 212 [CARTA A MADGE ANDERSON DE 9-10-1935]

Pessoa Plural, n.º 12.

Trata-se da última carta enviada por Pessoa.

p. 215 [CARTA A TOMÁS RIBEIRO COLAÇO DE 10-10-1935]

Publicada pelo destinatário em *Fradique*, 12 de dezembro de 1935.

p. 219 [CARTA A LUÍS MIGUEL ROSA (LHI) DE 10-10-1935]

Inédita.

p. 222 [CARTA A ADOLFO CASAIS MONTEIRO DE 30-10-1935]

A Poesia de Fernando Pessoa, pp. 250-251.

Carta não enviada.

p. 224 «Todos os anos terminados em 5»

Fernando Pessoa – O Último Ano, p. 65.

Pessoa, nascido a 13 de junho de 1888, morreu a 30 de novembro de 1935.

POEMAS

p. 227 «Ó irmão que me levaram, deixando-me sem nada»

Inédito.

Poema embrionário que lembra o seu irmão Jorge, que morrera, com um ano incompleto de vida, dez anos antes.

p. 227 JUNHO DE 1911

Poesia do Eu, p. 43.

Poema sobre o seu mês de anos, assinado por Íbis, nome que gosta de usar em família.

p. 228 «Emissário de um rei desconhecido»

Poema com o número XIII da série «Passos da Cruz», in *Centauro*, n.º 1, Lisboa, 1916.

p. 229 «Escrevo à tua memória, amor, sem teres morrido»

Poesia Inglesa, p. 440.

p. 231 «Fiquei louco, fiquei tonto»

Cartas de Amor, pp. 22-24.

Poema que evoca o namoro com Ofélia Queiroz, aqui transcrito na versão que ela sabia de cor, tal como vem transcrita no preâmbulo da primeira edição das cartas que Pessoa lhe escreveu.

p. 233 «Tanto desejei deste embuste o fim»

Publicado por João de Almeida Flor, in *Cadernos de Literatura*, n.º 6, Coimbra, outubro de 1980.

Nas margens do poema, datilografado, Pessoa esboçou a sua carta de despedida para Ofélia de 29-11-1920, incluída neste volume.

p. 234 «Em torno a mim os mortos esquecidos»

Poemas de Fernando Pessoa 1921-1930, p. 81.

Primeiro de quatro sonetos escritos quase um mês depois da morte da sua mãe, e dois meses depois da morte do tio Henrique Rosa, de quem era muito próximo.

p. 235 «Já sobre a fronte vã se me acinzenta»

presença, n.º 10, Coimbra, março de 1928.

Ode assinada por Ricardo Reis, escrita no dia em que Pessoa fez 38 anos.

p. 236 ANIVERSÁRIO

presença, n.º 27, Coimbra, junho-julho de 1930.

Datado do dia de anos de Álvaro de Campos, 15-10-1929, foi escrito, de facto, no dia em que Pessoa fez 42 anos, a 13-6-1930, como explica a Gaspar Simões em carta de 4-7-1930.

p. 238 «Quero ser livre, insincero»

Poesias Inéditas (1919-1930), p. 172.

p. 239 «Sim, sou eu, eu mesmo, tal qual resultei de tudo»

Poesias de Álvaro de Campos, p. 47.

p. 241 «Mas eu, casual e fortuito»

Poesia 1931-1935, pp. 441-442.

Escrito nas costas do esboço de um artigo que viria a ser publicado, no *Diário de Lisboa* de 4-1-1935, sobre o padre Vasco Reis e o seu livro *Romaria*, que ganhara o prémio da 1.ª categoria do mesmo concurso em que Pessoa fica com o prémio da 2.ª categoria com *Mensagem*.

p. 242 SÁ-CARNEIRO

Poesias Inéditas (1930-1935), pp. 184-186.

O segundo verso da oitava estrofe («Do trapézio, do vice-rei») alude ao poema de Sá-Carneiro intitulado «16» e publicado em *Orpheu* 1.

p. 245 D.T.

Obra Poética, pp. 625-626.
Ver carta a Madge Anderson de 9-10-1935.

p. 249 *UN SOIR À LIMA*
Poemas de Fernando Pessoa 1934-1935, pp. 232-241.
Apenas aqui se publicam três dos vários fragmentos de um poema nunca concluído. O título alude a uma peça musical que a mãe de Pessoa costumava tocar em Durban.

p. 252 PEDROUÇOS
Pessoa por Conhecer, pp. 68-69.
Pessoa, antes de ir para Durban, passava muito tempo na casa de uns tios-avós de quem gostava muito, Maria Pinheiro e Manuel Gualdino da Cunha, em Pedrouços.

p. 254 «Há doenças piores que as doenças»
Obra Poética, p. 186.
Último poema datado que Pessoa escreveu em português.

ANEXO

p. 257 [CARTA DE ERNEST A. BELCHER A FAUSTINO ANTUNES]
Publicada, em fac-símile, em *Os Dois Exílios*, pp. 197-198.
Cf. notas ao texto «Cartas para informação sobre o meu carácter», p. 48.

p. 261 [CARTA DE CLIFFORD E. GEERDTS A FAUSTINO ANTUNES]
Publicada pela primeira vez em *Sob o Ramo da Bétula*, pp. 147-156 (Yara Frateschi Vieira já tinha publicado uma tradução da mesma carta em *Colóquio Letras*, jul.--out. 1988, pp. 121-123).

REFERÊNCIAS

Fernando Pessoa — O Último Ano, org. Teresa Sobral Cunha e João Rui de Sousa, catálogo de exposição, Lisboa, Biblioteca Nacional, 1985

Fernando Pessoa no Seu Tempo, coord. Eduardo Lourenço e António Braz de Oliveira, catálogo de exposição, Lisboa, Biblioteca Nacional, 1988

Fernando Pessoa, *À Memória do Presidente-Rei Sidónio Pais*, Lisboa, Editorial Império, 1940

—, *Cartas*, ed. Richard Zenith, Lisboa, Assírio & Alvim, 2007

—, *Cartas de Amor*, ed. David Mourão-Ferreira, Lisboa, Ática, 1978

—, *Cartas a Armando Côrtes-Rodrigues*, ed. Joel Serrão, Lisboa, Confluência, 1945

—, *Correspondência Inédita*, ed. Manuela Parreira da Silva, Lisboa, Livros Horizonte, 1996

—, *Escritos Autobiográficos, Automáticos e de Reflexão Pessoal*, ed. Richard Zenith, Lisboa, Assírio & Alvim, 2003

—, *Livro do Desassossego por Bernardo Soares*, vols. I e II, ed. Jacinto do Prado Coelho, Lisboa, Ática, 1982

—, *Livro do Desassossego*, ed. Teresa Sobral Cunha, 2 vols., Lisboa, Presença, 1990-1991

—, *Obra Poética*, ed. Maria Aliete Galhoz, Rio de Janeiro, Aguilar, 1960

—, *Poemas de Fernando Pessoa 1921-1930*, ed. Ivo Castro, Lisboa, IN-CM, 2001

—, *Poemas de Fernando Pessoa 1934-1935*, ed. Luís Prista, Lisboa, IN-CM, 2000

—, *Poesia do Eu*, ed. Richard Zenith, Lisboa, Círculo de Leitores, 2006

—, *Poesia Inglesa*, ed. Richard Zenith, Lisboa, Assírio & Alvim, 2007

—, *Poesias de Álvaro de Campos*, ed. João Gaspar Simões e Luiz de Montalvor, Lisboa, Ática, 1944

—, *Poesias Inéditas (1919-1930)*, ed. Jorge Nemésio, Lisboa, Ática, 1956

—, *Poesias Inéditas (1930-1935)*, ed. Jorge Nemésio, Lisboa, Ática, 1955

—, *Textos Filosóficos*, vols. I e II, ed. António de Pina Coelho, Lisboa, Ática, 1968

José Barreto, «A última paixão de Fernando Pessoa», in *Pessoa Plural*, n.º 12, outono de 2017: https://www.brown.edu/Departments/Portuguese_Brazilian_Studies/ejph/pessoaplural/

Hubert Jennings, *Os Dois Exílios*, Porto, Fundação Eng. António de Almeida, 1984

Teresa Rita Lopes, *Pessoa por Conhecer — Textos para um Novo Mapa*, Lisboa, Estampa, 1990

Adolfo Casais Monteiro, *A Poesia de Fernando Pessoa*, org. José Blanco, Lisboa, IN-CM, 1985

Mário de Sá-Carneiro, *Cartas a Fernando Pessoa*, vol. II, Lisboa, Ática, 1959

João Gaspar Simões, *Vida e Obra de Fernando Pessoa*, 2 vols., Lisboa, Bertrand, 1950

Yara Frateschi Vieira, *Sob o Ramo da Bétula: Fernando Pessoa e o Erotismo Vitoriano*, Campinas, Unicamp, 1989

ÍNDICE